超高效心智圖學習法

The Buzan Study Skills Handbook

東尼・博贊 Tony Buzan 著

蔡承志 譯

專文推薦
揮別考試的壓力，迎接快樂的學習

孫易新

很多人可能會跟我有一樣恐怖的童年……

早上起床第一個念頭是「今天可不可以不要上學？」因為我實在不願意去面對每天的小考、大考、模擬考，更慘的是發考卷時老師總是以無情的籐條伺候，我的書包裡一定準備了一瓶「面速力達母」，那是挨打完之後要擦的，事隔四十年了，如今摸摸手心餘「痛」猶存，不僅是皮肉的痛，更是心中無比的痛。

「為什麼讀書要讀得這麼辛苦？」

「有沒有比較有效的方法來幫我讀書呢？」

這兩個簡單的問題一直到我大學畢業也還沒得到解答。相信捧著這本書的你，也一定很期待得到答案，對不對？

前教育部長郭為藩教授引述 Matlin 與 Sternberg 在認知心理學的見解指出，其實是有方法可以提升學習效果的。例如：透過聯想嘗試賦予欲記憶的事物相近的關聯或特別主觀的意義來取代硬邦邦的死記硬背；利用視覺心象建構法，把要記憶的事物轉化成一個有趣的畫面來幫助記憶；透過一個虛構的情節將欲記憶的事物串起來，就不容易漏掉；把要記憶的內容，經過自己消化吸收，重新按照自己的習慣，提綱挈領整理一遍，印象就會特別深刻，再經常複習，久而久之自然可以融會貫通，銘記於心。

「有沒有一種讀書的『工具』可以讓我輕鬆達到上述的所有要件？」

有的，那就是被譽為大腦瑞士刀的「心智圖法 Mind Mapping」。

1989 年參加國際青年商會的一項講習活動時，是我第一次接觸到心智圖法這項思考與學習的工具，後來陸續在國外一些研習的場合，偶爾也會看到講師用心智圖來解說教學內容以及引導學員討論的進行。這種方法帶給我非常強烈的震撼，因為我發現不但上起課來不會枯燥無聊，而且可以全盤理解講師教授的內容，與同學互動討論時，透過心智圖我的「菜英文」一點溝通上的障礙都沒有，最主要的原因是，心智圖是一種提綱挈領的關鍵字思考法，再以放射思考（Radiant Thinking）的結構來組織關鍵字，讓思緒更有系統、更符合邏輯；同時心智圖強調發揮想像力運用到大量的色

彩、圖像與聯想技巧，這可以充分激發創造力與對內容的長期記憶效果。

　　如果我從小原本就是功課很好的學生，今天我來推薦心智圖學習法是何等的神奇，對考試有多大的幫助，大家一定會懷疑我考試能夠過關斬將，與心智圖法應該沒多大關係，那是因為我原本就很會讀書。但是，從小我的確不是一位功課好、會讀書的學生，高中唸的是當時高雄地區省立高中排名倒數第二的左營高中，因為在校成績太差，到了高二只好休學重考唸五專（正修工專），專科畢業考插班大學也是在南陽街補習班惡補之下，勉強才考上文化大學，所以從小我就不是一位很會讀書的人。

　　1989年學習心智圖法之後，為了驗證「心智圖學習法」對學習的成效，我用它來準備國家考試、研究所考試等等。果然如預期所料，原本一位學習成就差、自信心薄弱的人，竟然也能一次就考上國家考試以及國立大學的研究所。

　　由此可見，不論原本你的成績如何，只要用對了方法，尤其是使用符合大腦思考與學習方式的「心智圖法」，成績差的人可以突飛猛進，原本功課就好的人，讓你如虎添翼。

　　我與作者東尼・博贊（Tony Buzan）先生相識於1997年，他給人家的第一個印象就是非常 Smart，除此之外，由於經常有機會私下聚會，我還發現他是一位充滿想像力與幽默感的人，而且熱衷學習新事物。記得有一次，我們去倫敦街上的一家日本料理店用餐，我很驚訝的發現他不僅會用筷子，而且右手、左手用得一樣好，要夾右邊的菜就用右手拿筷子，要吃左邊的東西就改用左手，我問他怎麼這麼厲害，居然左右手都會用，他回答「只要知道正確拿筷子的方法，再加上多練習就可以了」。這句話正是一語道破有效學習的原則，我們一定要掌握正確的學習方法，並不斷練習，每個人都可以成為學習高手、考試達人。

　　本書是作者歸納整理其在35年間於大腦領域的研究、閱讀方法、記憶技巧、專注力培養、全方位心智圖筆記技巧以及放射思考所淬鍊出來的心血結晶，並賦予新的名詞BOST（Buzan Organic Study Technique）。這是本書的精髓之處，它補充作者先前諸多著作當中所提到的MMOST（Mind Mapping Organic Study Technique），過去MMOST只有概念的陳述，而在本書第三章與第七章不僅有詳細的闡述，更有不同應用領域的解說，這對要準備考試的讀者，尤其是面對如何整理大量的書籍重點筆記，真是一大福音。

　　快速記憶課程最近十年來在台灣掀起一股風潮，可見大家是多麼希望提升記憶力，但是動輒數萬元的學費以及課後持續的成效不顯著，讓許多人為之卻步，甚至對快速記憶課程起了反感，主要原因是一些教快速記憶的機構倒因為果。聯想、掛鉤等快速記憶的技巧是培養超強記憶力的過程，不是結果。但是，國內許多教記憶的老師只會運用聯想、掛鉤來記憶課本的重點，頂多稍微提一下心智圖的技巧，但是不夠完整，甚至方法都是錯誤的。這在快速記憶課堂上有短暫的神奇效果，學員當下的滿意度也會很高，但後續應用在學校功課的成效就不得而知。曾經有人對快速記憶的老師可以把50個隨機的數字排列成一個矩陣，幾分鐘之後不僅可以按照順序背出來，還可以倒背、斜背、抽背等佩服不已，好希望自己也有這種功力，我只能好言相勸，這的確是一種訓練記憶力的過程，但是，過兩天你再去問那位表演數字記憶的老師當時那50個數字，看他還能說出幾個？你的夢會破滅的！

　　因此，本書作者在第五章增強記憶術裡，正本清源的先從認知心理學的角度讓我們了解大腦是如何吸收資訊，什麼樣的訊息型態才是大腦容易記憶的，接著才提出十大核心記憶原則，這十大原則就包含快速記憶機構常運用的聯想、掛鉤等技巧，但還提出更多有效強化記憶的原則，對於想增進記憶力的讀者，本章要好好研讀。

　　一個有效的學習應該包含以下幾個範疇：

　　1.正確學習態度的建立與主動思考的習慣。

　　2.培養快速閱讀與掌握重點的技巧。

　　3.透過心智圖將閱讀過的內容重點，很有邏輯、系統的整理。

　　4.有系統的複習與生活應用。

　　要如何做到以上四點，在本書當中你都可以獲得解答。

　　你若對本書當中所闡述的學習方法有不清楚的地方，我很樂意為你親自解說，我的聯絡方式，請到心智圖法官方網站查詢 www.MindMapping.com.tw

　　祝福大家

　　輕鬆學習　快樂成長

（本文作者為心智圖法訓練機構總監、
浩域企業管理顧問股份有限公司董事長）

專文推薦
有效率的學習法，是邁向成功的唯一途徑

陳美儒

　　曾經有媒體記者訪問物理大師愛因斯坦，如何才能創造「成功」？結果這位頂著蓬鬆亂髮，二十世紀最偉大的科學家這樣回答他：「成功呀，成功的定義就是不斷的努力加上正確的方法，還有，少說廢話！」

　　這位發明相對論，被人類公推為二十世紀最聰明、具重大影響力的科學家，明白告訴了我們，所有邁向成功的道路就是不斷的學習和使用正確的方法。

　　就物理學而言，不斷的學習是一種十分重要的動力來源，但如果運用的方法是錯誤的，那就達不到「功」的境地，也就白白枉費了「力」；可見正確的方法，是讓力量達到「作功」的最重要關鍵。

　　東尼·博贊這位一九四二年出生於倫敦，一九六四畢業於英屬哥倫比亞大學，同時也是英國「大腦基金會」的總裁，心智圖的創始者；至今他名列世界級的頂尖作家，由BBC為他出版的《心智魔法師》一書，在全球銷售更突破一百萬冊；他出版的二十本著作裡，其中十九本皆與頭腦、學習、創意有關；他的著作在近年已被譯成二十多種語文，在全球五十多個國家出版上市。

　　《超高效心智圖學習法》是博贊最新的全腦學習書。透過他首創的BOST學習技巧，他將幫助學習者達到增強記憶、通曉知識和培養專注力的目的，同時還能有效率的訓練大腦、開發大腦潛力，培養出清晰的邏輯思維，激發內在的分析、判斷、歸納力。

　　所謂的博贊心智圖學習法，也就是利用BOST再加上速讀法、超強記憶法，以及運用心智圖；它將幫助學生戰勝考試、學業的壓力，為成人閱讀、社會進修者解除面對學習的合理恐懼。本書與一般學習書最大的不同是，它運用大量的圖表和輕鬆的文字，教你如何善用那了不起的大腦和心智能力，它完全顛覆了過去老舊、制式、遲緩的學習方法。它將十分明確的教你培養出個人的專注力，以至讀得又快又有效率；教你圖表出自己完美的全方位學習狀態，有效率的組織材料、事半功倍的牢記住所讀的內容，透過心智圖表輕鬆找到不同科目最適當的學習時間，如何利用環境的影響力、周遭的氛圍來強化學習的效率。在細微處甚至告訴你：「如果你

在閱讀時碰到一個不認識的字，不要急著馬上去查出來，只要在字下面畫條線，之後再找時間去查字典。」因為有效率且專注的閱讀，絕對有賴於資訊、字彙的順暢流動，中途停下來查字典或思考字詞的意義，將會快速破壞個人的專注力和減慢對整篇文章的判讀能力。

博贊特別強調詞彙的重要性，他認為詞彙懂得越多的人，在學習上通常可以得到巨大的優勢，所以他要求學習者至少要擁有三種詞彙的能力。那就是交談時使用的詞彙、書寫時使用的詞彙，和我們一般人認得的詞彙。

博贊在書中，甚至認真、慎重的列表英文字詞的重要字首和字尾以及字根 A 到 Z，更深入探索希臘文、拉丁文、法文和英文的字尾變化比較。

以台灣全民英檢來看，要通過初級檢定，至少要會一千個單字，中高級的約七千到一萬字，高級者在一萬五千字以上；國中考高中的基測英文考試約一千個單字，大學學測至少四千字，大學指考則提升到七千字左右；英文托福考試基本上至少要掌控一萬五千字，才有申請到北美名校的可能。

歲月荏苒、星光遞嬗，任教建中紅樓轉眼已近三分之一世紀，一直擔任二、三類組的高三國文教師兼導師，春風化雨陪伴、牽引成千上萬建中才子青春少年邁向理想大學，如今許多當年的青澀學子，已成為當前社會上各行各業的傑出菁英。

在許多演講會後的自由提問，常有家長父母這樣問我：「老師，妳教的建中孩子都很聰明、很會讀書、考試吧？」

建中的孩子真的就比別人聰明嗎？參看教育部全國中等學校性向、智商評量測驗，其實在不少的職工商校裡，就藏著許多高智商的少年少女呢。

依我數十年的經驗觀察，建中的孩子比一般愛玩、好動，無法長時間定心、專注的中學生來得勤奮、認真、努力倒是不滅的事實。

我發現，我有許多考上臺大醫學系、電機系的學生，他們最大的成功祕訣，就是都擁有自己一套的讀書藍圖，他們清楚自己的優劣性質，什麼時間讀書或打電動最適宜，都能主動掌控且合理分配；在他們運用正確的方法而高效率、專注的學習上，自然得到了滿級滿分的回報。

東尼‧博贊首創的「有機學習技巧」和圖表演練，其實也就是將我那些醫科、電機子弟的讀書藍圖、學習祕方，給予綜合且化繁為簡，具體實現。

　　我願全力推薦由商周出版社出版，東尼・博贊的《超高效心智圖學習法》，相信它一定能大力幫助天下無數莘莘學子及社會成年人，突破學習的困境，創造超高效的學習成功果實。

（本文作者為親子教育家，前建中資深名師）

專文推薦
學習是一場豐富的盛宴

陳偉泓

學習是一場豐富的盛宴，可以樂在其中，但學習更是不斷自我要求和自我心智鍛鍊的歷程。有人說：「一分耕耘，一分收穫」，但我們若能事先窺得學習的奧祕，或許就能輕易做到「一分耕耘，二分收穫」，甚至於是一分耕耘，三分收穫了！

作者以速讀法、記憶術及心智圖法的學習方法配以案例與實際操作，讓讀者經由理解與練習，一探學習殿堂的奧祕與方法，提高學習效能。除了學習策略外，認識大腦的潛能與如何突破學習的心理障礙，也是本書中教導成功學習的關鍵。

一個好的學習者，會嘗試了解自己的學習風格、模式，不斷檢視學習效能，尋求個人最佳的學習型態與方法。本書正好提供了學習者必要的參考指引，期待每一個學習者（Learner），都能因此尋找到最適合自己的高效能學習方法，成為快樂的最佳學習者。

（本文作者為前建國中學校長）

目次

前言

《超高效心智圖學習法》的主要內容是獨一無二的 BOST® 學習法（Buzan Organic Study Technique，博贊有機學習技巧）。BOST 是為增進學生學習能力而特別設計的一種學習法，能讓每位學生在面對高中及大專院校中令人害怕的考試、報告、測驗、學習單元，甚至全部課業時，有更好的表現。

　　這本書將幫助你戰勝你對考試及課業壓力的「合理」恐懼，而且你會在本書中發現一個全新且完全正面的學習方法——善用你了不起的大腦及心智能力。

　　不是我在自誇，BOST® 是根據我 35 年來（編按：此原文書為 2007 年出版）在學習技巧、大腦能力、記憶與回憶、放射思考法（Radiant Thinking®）、專注力養成，以及多維度記憶工具——心智圖（Mind Map®）等領域研究的經驗淬鍊而成的學習法。本書介紹的技巧環環相扣，將會讓你的能力真的「突飛猛進」，使你能夠：

⊙充滿自信地準備學習、考試及測驗。

⊙讀得快且有效率，遠遠超過你的預期。

⊙在抄筆記及整理筆記時更加有效率。

⊙更順利地記住及回想所學的內容。

⊙調整好心態專心複習功課，卻仍然有「休息時段」可以放鬆身心。

⊙運用心智圖（它有「大腦的瑞士刀」美譽）大幅增進你的複習能力。

藉著引進獨一無二的BOST學習法，本書將給予你信心及工具來完全發揮你的學習潛能——不論你修習的學科是什麼，或在哪個就學階段。

恐懼與厭惡考試及複習功課

如果你懷疑這點（為什麼不！），不妨在翻開任何一頁之前，問自己下面這些問題：

- 我害怕考試嗎？
- 我是不是讀書讀得很勉強？
- 我必須面對的課業量大到讓我沮喪嗎？
- 我是不是東摸西摸，就是沒辦法好好坐下來溫習功課？
- 我只是把時間用掉，還是懂得安排時間？
- 我是不是覺得很難保留、記憶及回憶資訊？
- 我是不是覺得我必須從第一頁讀到最後一頁，才能掌握一本參考書的內容？
- 我是不是經常在太累或心神無法集中的時候讀書？
- 我是不是相信吸收資訊最好的方法，就是把文章從頭讀到尾，把書整本看完？
- 我是不是靠硬記死背來學習，而非真正去了解所學的內容？

我猜，你在上面這些問題中至少有一題（甚至是全部）的答案是肯定的。這意謂，這本學習書會是讓你的學習技巧趨於完美的最佳工具。

不論你現在是準備高等教育中的哪一項考試，都很可能無法發揮你所有的潛能去迅速又有效率地處理資訊、數據、事

實、數字及參考資料的儲存與擷取。

　　這可能是因為：

⊙ 你缺乏動機。

⊙ 你已經累積太多不好的學習習慣。

⊙ 在為特定的報告、考試、計畫、學習主題或論文做複習或寫筆記時，你並沒有一個「行動方案」。

⊙ 你因為時間的壓力及課業的繁重而感到擔心及焦慮。

⊙ 你的大腦並沒有自己的「操作手冊」。

　　這些恐懼——會有這種感覺其實非常合理——以及負面的感覺，是你看得到、承認和接受的東西。你知道別人也都有這些感覺。但是順道告訴你，這些都是完全不必要的。

學習的恐懼會讓你越陷越深

　　想像下面這個情景（或許你還沒有遇到過）：老師「砰」一聲把書重重地放到桌上，宣布這本書就是你的考試範圍，這就是你的測驗用書，而且如果你沒有把這本書讀好，如果你無法了解書中每一個概念，你就會被當掉。所以，把書帶回家，慢慢地讀，仔細地讀……

　　你也打算照著做……從物理角度來看是本很重的書，就心理層面來看也很有分量。接著，各種逃避行為或轉移注意力的活動就紛至沓來：到冰箱找東西吃、看電視、和朋友上MSN，最後你才抱著那本厚書坐下來。接下來會發生什麼事？

　　如果你以平常的速度讀了兩個小時 —— 很長的一段時間 —— 其間注意力還習慣性地被打斷幾回，那麼你可能需要花5分鐘才讀完一頁，並且很可能還要花10分鐘寫筆記，所以

在兩個小時後（你已經開始忘掉一些剛讀過的內容），你只讀了那本書極小的一部分。而且你真的可以用**肉眼**看到自己只讀了多麼少：書很難讀，你讀得很吃力，你眼睛痛、耳朵痛、頭痛、脖子痛、背痛、屁股痛、全身都痛，而且你還有那麼多東西要讀，而且你知道大部分的內容你都會忘掉。你讀著那一週接一週，一個月接一個月，以一行接一行寫成的糟糕筆記，邊讀邊忘，好像自己在撒一些一落地就枯死的種子，隨著考試日期越來越近，你知道這下你死定了——事實也果真如此。

你開始意志消沉，說了句「算了，不跟你玩了！」，然後喝啤酒去。接下來，你很容易就順勢落到跟人借筆記、問朋友、上網搜尋、試著套教授或老師的口風等下場。這些都是很合理的做法，因為你是對的：用你先前的學習方法根本是在浪費時間。你必須學習如何用對方法來讀書。

現在你能辦到了，只要用心讀過《超高效心智圖學習法》，並且照著做練習。你原先學習的惡性循環將會轉變成良性循環，越學習越有勁。

如何讓本書發揮最大效益

把本書的每個部分都當成第一頁來讀——在安排章節次序時，我發現每一章都可以當成「第一章」，因為每一個部分都非常重要。所以我建議你先很快地瀏覽本書各章，讓自己對各章的內容與方法有點「感覺」，然後才開始仔細研讀每一章。書中每一章所探討的都是不同的大腦功能層面，提供你開啟及駕馭大腦的不同方法，使它成為效率不斷攀升的學習工具。

第1章：大腦比你想像的更優秀，真的！

本章會讓你看到你的大腦是個多神奇的學習儀器，而且你可以使用它。我會舉幾個使用過BOST®學習法學生的例子來告訴你，BOST®可以應用在各種不同學習情境裡。本章還會讓你知道，為什麼不該低估自己的潛能，以及你該如何釋放出大腦的驚人能力。

第2章：超高效學習的障礙

我們將在此章審視幾個有礙超高效學習的心理、情緒及物理「障礙」，讓你懂得避開，並在考試將近時不至於因壓力而慌了手腳。BOST®學習法的幾個核心技巧則會在接下來的章節中介紹給你。

第3章：BOST® 學習法

本章為你介紹針對學習的**預備**與**實行**而設計的BOST八點策略，它們都非常容易上手。「預備」包括了翻閱、時間管理、記憶復甦，以及問題與目標的訂定等重要技巧；「實行」則可區分成概觀、預覽、精讀及複習等技巧。

第4章：速讀法

你的閱讀速度太慢，以至於在圖書館讀書讀到睡著嗎？顯然你在學科的學習與複習上需要加快閱讀及理解速度。本章絕不只是教你掌握住一個技巧，還教你如何集中注意力，如何瀏覽資料，還有很重要的一點，你的學習環境與姿勢會如何影響你的學習態度與熱度。本章會幫助你節省時間，並且學習得更有效率。當你把速讀當成核心技巧運用在複習上，再搭配上另

外兩個核心技巧——心智圖法（第6章、第7章）及記憶駕馭術（第5章），你的學習自信肯定會一天比一天強。

第5章：增強記憶術

要記住資訊，需要用到幾個主要技術，我會在本章介紹給你，而且這些技術會讓你在第6、7兩章學習畫心智圖時學得更順暢。我將教你如何在**學習時**及**學習後**增進記憶。此外，我還會引進兩個有助學習的重要記憶系統，來幫助你把一整個清單的項目完全記起來。

第6章：心智圖法

本章將正式介紹「心智圖法」——獨一無二、與你心中內在「地圖」相互呼應的記憶、回憶與複習的方法。心智圖是個多維度記憶喚醒器和超棒的複習工具。一旦了解自己的思考方式，在研讀某個科目或準備考試時，你就能按照心智圖的格式來使用字詞與想像，做記錄、整理、回想、記憶、組織、創意思考、問題解決等工作。此外，它還能幫助你有效率地儲存、回想及擷取資訊與數據。

第7章：利用心智圖及BOST®徹底改變你的學習方法

本章是你在這條成功之路上需要走的最後一步。在此你將學會如何將自己已經掌握得很好的心智圖技術應用在各個學習層面上。你將學到如何把教科書、DVD、課堂筆記心智圖化，你還會發現，心智圖對你的小組學習也有幫助。

請記住，當你覺得某項基本技巧需要再磨亮時，就去重新

複習那個部分，而**不要**把《超高效心智圖學習法》當成一本一定要照順序從第一頁讀到最後一頁的書。我再強調一次：這本書的每個部分都要當成第一頁來讀。還有，如果你希望有效率地使用《超高效心智圖學習法》介紹的方法與資訊，就有必要確實練習。在本書各個階段，你可以找到一些練習題及進一步學習的建議。此外，你必須找到屬於你自己的學習模式，並做好時間安排，並且盡可能照著去完成。

當你已經掌握 BOST® 學習法的基本元件後，可以開始綜合運用先前那些領域的知識，讓自己進入全方位學習的狀態，以便：

⊙超有效率地學習。

⊙有效地組織材料。

⊙用至少是從前兩倍的速度來讀每一本教科書。

⊙以事半功倍的方法將所讀的內容牢牢記住。

⊙把你的書及筆記用心智圖整理起來，讓你記憶所學科目的能力變為先前的4到10倍。

BOST® 學習法綜合運用了速讀法、記憶術以及心智圖法等技巧，可說是這三個完全配合大腦——你最重要的資產——運作的學習技巧的終極組合。所以，準備好，靠著 BOST® 學習法的幫助，將你真正的潛能發揮出來，有效而且成功地學習！

和我分享你的成功故事吧！

東尼‧博贊

1

大腦比你想像的更優秀，
真的！

你的大腦是非常特別的超高效能處理器，它能做無限的相關聯思考：只要你懂得如何駕馭，學習就不再會困擾你、讓你緊張，而且你會學得更快速、更輕鬆，而且更有效果。

你那奇妙的大腦早在5億年前就開始演化，但是一直到500年前我們才知道它位在你的頭部，而不是在你的胃裡或心中（亞里士多德及其他許多有名的科學家都這麼相信）。更難以置信的是，我們對於大腦以及它如何運作的所知，有95%都是過去10年內才發現的。還有許多關於大腦的事實等著我們去發掘。

你的大腦有五個主要功能：

1. **接收**——大腦透過你的感官接收資訊。
2. **儲存**——大腦會把資訊保留及儲存起來，並且在需要時可以找到。（雖然你不會有這樣的感覺。）
3. **分析**——大腦能辨識模式並且喜歡組織資訊，以便了解它們：透過檢驗資訊及探詢意義。
4. **控制**——大腦會根據你的健康狀況、個人態度和環境，以不同的方式控制你處理資訊的方式。
5. **輸出**——大腦會透過思考、說話、畫圖、動作，以及其他形式的創作而把接收的資訊再輸出。

《超高效心智圖學習法》中介紹的技術，能幫助你充分發揮上述大腦功能，協助你的大腦根據需要，有效率地學習、分析、儲存和擷取資訊。

有兩塊大腦的人

你的大腦管理這些超高速流程的方式更是令人吃驚。目前的突破性進展發現：我們大腦的上半部分成兩塊，而不是只有一塊，而且它們在不同的心智過程中，運作的程度各不相同。你的大腦兩側，或所謂的「大腦皮質」，是靠著非常奧妙複雜的神經纖維網絡，也就是所謂的「胼胝體」（Corpus Cllosum）來連結，而且主要處理不同類型的心智活動。

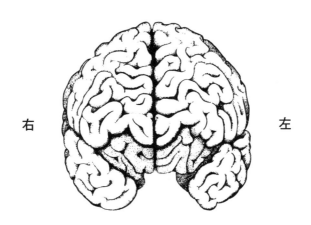

右　　　　　　　　　　　　　　　　　左

對大部分的人來說，**左腦**處理：

⊙ 邏輯、語彙、表單、線條、數字及分析 —— 即所謂的「學科」活動。當左腦忙著處理這些活動時，右腦大致處在「α波」或休息狀態，伺機提供協助。

右腦處理：

⊙ 韻律、想像、顏色、白日夢、空間感、完形（Gestalt，也就是整個組織起來的圖像，或者也可以說是「整體比各部分

總和還多出來的東西」）以及維度。

　　後來的研究發現，當人們受鼓勵去發展他們之前自認為較弱的心智領域時，發展不但不會減損其他領域的活動，反倒會產生協同作用的效果，讓所有心智領域的表現都變得更理想。更甚者，每一側的腦半球都擁有許多我們先前以為專屬於另一側大腦的能力（比我們原先以為的還要多得多），並且，每個腦半球都能夠處理更廣泛、更微妙的心智活動。

　　舉例來說，愛因斯坦在中學時法文考試不及格，但他喜歡拉小提琴、畫畫、駕帆船及玩「想像力遊戲」。愛因斯坦把他許多重要的科學洞見歸功於那些想像力遊戲。某個夏日，他在一個山丘上發白日夢，想像自己騎乘著陽光的光束去遙遠的宇宙盡頭，當他發現自己竟然可以「不合邏輯地」回到太陽表面時，他突然明白宇宙必須是彎曲的，他先前那些「合邏輯」的訓練反倒是不完全的。他用來包裹這幅新圖像的數字、方程式和文字，就是我們今日所知的相對論——**左右腦協力合作的產物**。

　　同樣地，偉大的畫家們經常都是「運用全腦」的人。我們發現他們並不是在筆記本裡寫一堆酒醉之徒的胡言亂語，然後畫筆信手一揮，就創作出大師之作。我們看到的反倒是類似下面這樣的筆記：

　　　　早上6點起床。第十七天的時間畫這個新系列的第六號作品。我把四份橙色與兩份黃色混在一起，調出一個混合色，然後畫到畫布左上角，與右下角的螺旋結構形成視覺上的對比，在欣賞者的眼中製造出我想要獲得的平衡感。

這個生動的例子告訴我們，在我們通常認為屬於右腦的活動，也牽涉到不少左腦的活動。

另一種達文西密碼

在過去一千年中，有個人為我們樹立傑出的典範，告訴我們，當一個人能同時發展他的左右腦時能有多大的成就，那個人就是李奧納多‧達文西。在他那個時代，他在以下領域裡都可說是表現最傑出的人物：繪畫、雕塑、生理學、一般科學、建築、力學、解剖學、物理學、發明、氣象學、地質學、工程學及航空術。此外在歐洲的宮廷裡，只要隨意丟給他一個弦樂器，他也能在當下開始演奏、創作及即興吟唱民謠。達文西並沒有將他不同的潛在才能區分開來，反而是將它們合在一起。他的科學筆記本中充斥著三維度的圖畫與圖像；同樣有趣的是，他那些偉大畫作最後的布局規畫，經常看起來就像是一幅建築藍圖，隨處可見運用數學、邏輯及精準的測量所畫出（或算出）的直線、角度、曲線和數字。

完全發揮你的心智潛能

所以，看來當我們自稱在某些方面有天分、但在另一些方面卻沒有時，其實我們真正在描述的是潛能中已經成功發展的區塊，以及還在休眠狀態的區塊，但事實上後者也可以開花結果——只要我們適當地滋養。

左右兩側大腦並不是彼此分開、獨立運作——它們必須合作才能運作得最有效率。你越能同時刺激左右腦，它們就越能有效率地協力幫助你，讓你

⊙更會思考。

⊙能記住更多東西。

⊙能立即回想起事情。

　　我們將利用BOST學習法（博贊有機學習技巧）刺激你學習。使用這些獨特並且能根據個人需要而調整的技巧——包括心智圖、放射思考、速讀法、記憶術，以及其他的博贊學習核心技巧——你在複習、學習、理解，以及準備考試等方面的能力將不可同日而語。為了給你信心，我舉以下兩則真實的學習案例供你參考：

案例一：伊芙

　　任何人都不該被告知「你很笨」，或是「你沒辦法做某件事」。我們都有潛能，而且每一位學習者都該被給予最佳機會去實現潛能，這件事非常重要。但是我們需要找對學習法。東尼‧博贊的學習技術非常有效，而且很容易就可以學會。我極力主張將這些技術介紹給在中學或大學的年輕朋友們，讓他們能在學習上得到最大的樂趣。

　　伊芙是個市調專員，她透過心智圖法而徹底改變了學習技巧。

　　伊芙中學時期讀得非常辛苦：校方把她歸類成劣等生，而且非常明確地告訴她的父母，她連「一絲」通過考試的機會也沒有。伊芙被粗魯地認定為「很笨」，但事實上她只是得了失讀症（dyslexic，現在我們對這病症已經比以前了解更多）。她很喜歡學習，而且一個教育心理學家曾在她13歲為她測定過智商，她知道自己的智商高於平均。「所以，我知道我必須

用不同的方式學習，」伊芙說：「別人說我很笨，沒辦法通過A-levels（高中進階課程）的考試，我的反應是：我要更用功讀書來證明他們錯了……有時候我還真是很頑固！」

伊芙16歲時發現了心智圖法，當時她正開始修她第一年的A-level課程。她很幸運地找到一個能真正啟發她的老師，而她的父母也都很支持她，並且對她有信心。老師是母親幫她找的，他把伊芙看成「潛力」而不是「工作」，並且試著去了解她是個什麼樣的人，以及什麼學習方式最適合她。伊芙的老師教她心智圖法，並為她開啟了一個充滿學習機會的新世界。

「我覺得視覺圖像對我有非常強的吸引力，我心中那位組織小魔頭喜歡把所有事物全都放到一頁紙上。」伊芙回想。

心智圖在她的所有學習上（從A-level課程一直到她在行銷上的專業證照考試），都是非常有效的工具。

「在學習過程中我一直拿高分，甚至還得到許多獎章及表揚。有一項考試，我還拿到全國最高分（CAM廣告從業人員考試）。」

伊芙的結論是：「我對學習的熱愛在中學時期受傷很深，甚至讓我一想到要進大學再讀三年書（英格蘭的學制，大學只讀三年）就覺得很恐怖。這很可悲，因為我知道自己應該會很喜歡大學生活。東尼・博贊的心智圖法及學習技術，讓我重新燃起對學習的熱愛，到現在我仍然非常珍惜這種學習熱誠。」

案例二：愛德蒙

愛德蒙11歲還在讀小學時，就有一個很清楚的夢想，他要到溫徹斯特高中（英國頂尖的私立學校之一）就讀。但是為了達成這目標，他必須非常用功，以達到溫徹斯特要求的高分標

準。在他參加聯合入學考試的9個月前，他的分數還不夠高，目標似乎離他非常遙遠。愛德蒙的母親先前接觸過東尼‧博贊的心智圖法以及他那些「學習如何去學習」的技術，於是就開始教愛德蒙畫心智圖，以及如何將心智圖應用在學業上。這是他的轉捩點，愛德蒙很快便不再覺得被一定得通過的八個科目壓到喘不過氣來，反倒覺得一切都在掌握之中，能夠從容地安排複習與學習的時間。

　　首先他為那八個科目製作了一張心智圖，這讓他有一個「概觀」，方便他判斷哪個科目需要花比較多的時間。接著，他為每個科目製作一張心智圖，把那個科目的每個主要標題都當成一根支幹。他只在一張紙上就把一個科目的課程大綱都畫了上去，並且可以把注意力集中在他覺得需要更多複習與研讀的主題上。

　　當考試終於來臨，他非但不緊張，還能透過大略的心智圖來組織自己的想法與回答。考試結果異常圓滿。愛德蒙輕鬆通過每一個科目，進入他夢想中的學府。

2

超高效學習的障礙

你有卓越的心智，以及不容小覷的腦力，但是為什麼一談到學習，你就感受到恐懼、壓力及焦慮？

　　大部分的人在學習或準備考試時都遭遇過困難。本章為你勾勒出大家共有的困難，讓你能接受並且戰勝你對考試、測驗、評鑑、報告、論文及功課的合理恐懼。成功學習的最主要障礙包括：

　⊙ 勉強讀書的學習心態。
　⊙ 害怕學習、甚至逃避學習的心態。
　⊙ 不合時宜的學習技巧。

勉強讀書的學習心態

　　在傍晚6點帶著熱勁、決心、準備好奮戰到12點的學習者——這位老兄我想你可能一點也不陌生。在下午6點鐘，這位學生走向書桌，仔細整理每樣東西，為接下來這段時間的學習做好準備。把每件東西都放到定位後，他又很小心地把每樣東西的位置再調整一次，讓自己有時間找到第一個藉口；他想起，早上他沒有時間好好地把報紙上感興趣的文章全看一遍。他也明白如果要讀書，最好是把這種小事先解決掉，才開始辦正事。

　　於是他離開書桌去翻閱報紙，並且在翻閱報紙的同時發現，他感興趣的報導比他原先估計的還來得多。在翻閱過程中，他也注意到了娛樂版。這時開始來計畫今晚的第一段中場休息似乎是個不錯的點子，也許在8點到8點半之間可以看個有趣的電視節目。

　　他找到一個不錯的節目，但是那節目從7點開始。這時

他想，「好吧，我今天已經很辛苦了，節目就快開始了，我反正也需要休息，放鬆一下心情真的可以幫助我待會兒好好讀書……」他在7點45分才回到書桌前，因為他沒料到下個節目的一開頭也很好看。

在這階段，他還是在書桌上東摸西摸，拍拍他的書確定它們都放得好好的，這才想起他還有電話要打，並且得上MSN跟兩個同學講一件事。就像報上那些他感興趣的文章，這種事最好在真正專心讀書前先處理完畢。

當然，那通電話以及來來回回的MSN訊息，比他原先預期來得有趣，而且時間也花得比較長，不過最終這位勇敢的學習者還是在8點半左右回到他的書桌前。

在學習過程階段，他真的坐到書桌前，打開書本，帶著果敢堅忍的表情開始讀書（通常是讀第一頁），但就在此時，第一陣令他不適的飢餓與口渴開始向他進逼。真是個大災難，因為他發現等待越久才去解決飢渴，不舒服感就變得越嚴重，讀書時的專注力也會受到更強的干擾。

顯然唯一的解決之道就是吃點零食，但是當越來越多樣好吃的零食和飢餓中樞連接起來後，零食就變成了大餐。

把最終的障礙移除後，他回到書桌，很確定這時不可能再有任何事物來妨礙他讀書的決心了。他重新看第一頁的前幾句……就在這時，這位學習者發現他的肚子吃得很撐，昏昏欲睡感開始向他襲來。在這節骨眼上，最好還是去看10點鐘開始播出的另一個有趣的半小時節目，看完節目，食物大概也消化得差不多了，剩下的養分剛好可以讓他好好做他該做的事。

午夜12點，我們發現他睡在電視機前面。

即便走到這地步，他被走進房間的人叫醒時，他還是覺得

事情並沒有想像的那麼糟，畢竟他已經休息夠了，吃了很不錯的食物，看了一些讓他放鬆心情的有趣節目，履行了他對朋友該盡的社交責任，吸收了當天的新聞，並且移除了所有阻擋他學習的障礙，所以，**明天晚上6點……**

　　在現今這世代，我們非常重視資訊、強調資訊，但相對地，個人如何因應資訊卻經常被忽略。結果，這位不願面對現實的學習者在心態上被一大堆資訊嚇壞，我們甚至可以傳神地說：他已經「被成堆資訊壓垮了」。資訊及出版品持續以驚人

害怕學習（或害怕與學習搏鬥）乃情有可原。

速度爆發，然而個人是否有能力處理及學習這一切資訊？這問題仍然沒受到重視。如果這位學習者真的要面對這樣的狀況，他的重點就不是去學習更多「鐵的事實」，而是要學習「處理及學習資訊的新方法」──運用天賦能力去學習、思考、回憶、創造，以及解決問題。

害怕學習、甚至逃避學習的心態

　　前面這段插曲你或許很熟悉，也覺得很有趣，其實它有很重要及深遠的意涵。

　　從某個層面來看，這個故事是在激勵我們。因為既然這是每個人都會經歷的問題，至少證明了一件長久以來我們就懷疑是對的事實：每個人都有創意及發明力，自認為沒有創意的人其實是多慮了。在這個例子裡，這位不願面對現實的學習者展現的創意並沒有發揮效益。但是我們為了不做某件事而去編理由，所表現出的多樣性與原創性似乎是在告訴我們，每個人都有充分的天賦，但要拿來用在正途上。

　　從另一個層面來看，這故事讓我們氣餒，因為它清楚呈現出我們大多數人在面對學習教材時普遍會有的深層恐懼。

　　這種不情願與恐懼的心態源自「以考試為本的教育系統」，在這種教育系統中，學生「修習」的科目會有指定教科書。他知道教科書比故事書及小說「困難」，也知道他必須寫很多功課，還知道將有許多考試來測驗自己是否能掌握書中內容。

　　於是：

　　1.教科書「很難」，讓人望之卻步。

　　2.教科書代表許多功課作業，讓人想打退堂鼓，因為學生直覺上知道他沒辦法好好研讀、寫筆記，並把內容記起來。

3.考試通常是三個困難中最嚴重的。大家都知道，考試的威脅可以完全毀掉大腦在某些情況下的工作效能。許多人在考試時真的連一個字也寫不出來，即便他們對那科目非常熟稔；同樣地，許多人雖然能寫出答案，但他們卻有巨大的心理障礙，以至於在考試時完全想不起那領域的知識。還有更極端的例子，我們知道有許多人花整整兩個小時在考試卷上振筆疾書，自以為是在回答試卷上的問題，事實上他們只不過是在反覆抄寫自己的名字或某個特定的詞。

面對這樣的威脅（對許多人而言是很可怕的），學生有下列兩個選擇：他可以選擇讀書，並且面對某些後果，或者他可以選擇不讀書，並面對另外一些後果。如果他選擇讀書卻沒讀好，他就證明自己「沒有能力」、「不聰明」、「愚笨」、是「劣等生」，或任何他想得到的負面詞。事實當然不是這樣，只不過他並不知道，該為他的「失敗」負責的，是用錯誤方法來測驗他的教育系統，而不是自己的無能。

如果他選擇不讀書，情況則會大不同。儘管考試不及格，他可以馬上說，他之所以失敗，顯然是因為他「根本沒有準備，而且對那些內容本來就沒啥興趣」。

藉由這個策略，這位不願面對現實的學生從某些角度來看確實解決了他的問題：

⊙ 他避開了考試，也避開讀書卻沒考好時對自尊心的傷害。

⊙ 他為考試不及格找到完美的藉口。

⊙ 他得到同學們的尊敬，因為他敢於挑戰他們害怕的現狀。有趣的是，這樣的學生經常有機會成為班上的領袖

型人物。

另一個有趣的現象是，即使是選擇讀書的人也會保留一小部分不讀書學生的特質。得分高達八、九十分的人也會用不讀書學生解釋考試被當的藉口，來解釋自己為什麼沒拿到滿分。

過時的學習技巧

前面描述的情形，還不足以說明每一種人的學習狀況。學習效果之所以不彰，還有另一個重要理由。這和我們如何看待學習技巧，以及我們認為人們該學習什麼樣的資訊有密切關係。我們在這位學習者周圍堆了一大堆不同的科目或「學科」，要求他學習、記憶，並且理解這些讓人看了就怕的科目，包括數學、物理、化學、生物學、動物學、植物學、解剖學、生理學、社會學、心理學、人類學、哲學、歷史、地理學、英文、媒體研究、音樂、工藝學與古生物學。在每一門學科領域中，學習者都必須面對一系列的年代、理論、事實、名字及一般概念。從前如此，現在依然如此。

這真正代表的意義是：對於學習，以及學習者該如何面對及處理環繞在他周圍的資訊與知識，我們向來都採取「一面倒」的態度。

如前面的例子所示，我們過分看重「各個」不同知識領域的資訊，也過於強調學習者必須能依照別人事先消化好的次序，或別人事先設定好的形式（標準化考試或制式報告）回報學習到的知識。

這樣的做法也反映在大專院校及成人教育機構（以及它們採用的教科書與學習手冊）所建議的標準學習技巧中。這些技

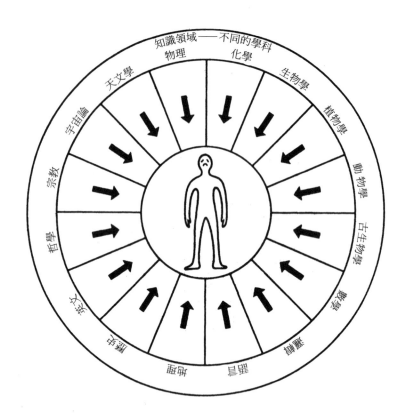

在傳統教育中，不同領域的知識環繞在學生周圍，要賦予他、教導他。箭頭的方向或流向是從學科指向學生——他被給予這些資訊，並且被預期要盡所能地去吸收、學習及記憶知識。

巧屬於「格狀」學習法，它建議學習者在研讀每一本書時，一定要照順序完成一系列的步驟。他們通常建議：任何一本難度中上的學習書都應該要整個讀3遍，以便確定自己完全理解。當然，這個例子似乎過於簡單，但即使是進階的學習法，通常也很刻板、沒有彈性，只不過是把標準做法在每個學習情境重

複運用一次。

這樣的做法不可能成功應用在每一本要讀的書上。研讀一本文學評論的書和研讀一本高等數學的書，兩者之間的差異性非常大。想要好好學習，我們就需要一套不硬將同樣做法運用在不同科目上的學習技巧。

首先，我們必須以學習者為中心開始向外發展。與其用許多書本、公式及考試去轟炸學習者，我們應該把注意力集中在教導每個人，他要如何學習才能得到最大的效果。我們必須教導自己：在讀書時我們的眼睛要怎麼運作；如何把東西記住；如何思考；如何學得更有效率；如何整理筆記；如何解決問題；以及，更一般而言：如何將自己的能力發揮到最大，不論學的是哪一科（請參考下頁圖）。

只要我們願意轉移焦點，從學科改放到學生身上，去關心學生如何選擇及理解他想要理解的資訊，那麼本章指出的大多數問題都將獲得解決。受過這種教導的學生可以學習，並且記住任何一個他感興趣或必修的知識領域。資訊不再需要「填塞」進學習者的大腦裡，每個學生將能按照自己的步調在學科間悠遊，只有在他覺得必要時，才會去尋求幫助與接受個別指導。這樣的策略還有另一個好處：這會讓教學與學習都變得更簡單，更愉快也更有效果。將注意力放在學習者及他們的能力上，我們最終就能用最恰當的角度來看待學習。

下一章預告

我不禁想到，對當前的學生來說，幾乎任何一件他想學習或研究的事物，都可以拿到使用手冊或「如何動手自己做」之

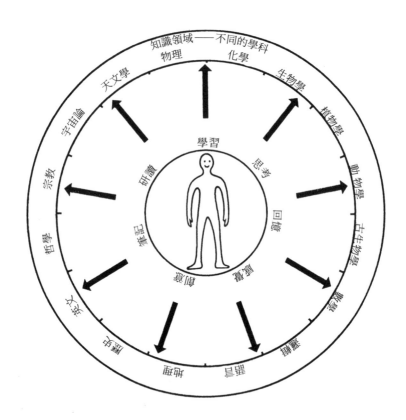

在新的教育模式中，先前強調的方向必須反過來。我們不是要去教導學習者其他東西，而是要先教他學習了解自己——如何學習、思考、回憶、展現創意、解決問題等。

類的參考書，或上網查到相關資料。但是，當我們談到最複雜、奧妙、重要的生物體——我們自己時，卻幾乎得不到任何能幫助我們的資源。我們需要關於我們自己的「操作手冊」，來教導我們如何操作自己這部「超級生物電腦」。《超高效心智圖學習法》正是這本操作手冊。

3

BOST®學習法

本章要介紹的「博贊有機學習技巧」（BOST®）將會告訴你如何培養出高效率的學習習慣，並且克服學習恐懼、壓力及焦慮。在接下來四章中，我們還會介紹增進速度的方法，來配合這個技巧，強化它，讓威力倍增。這會增進你對所讀內容的印象——在你研讀當時，也在你研讀之後。最強大的做筆記技巧心智圖法，則能讓你將速讀過的每樣東西，以及你已學會並記起來的每樣東西，都按次序整理好，賦予它們一個完美的結構，並完全掌握住內容。在最後一章，我們會再回頭複習BOST，用前述幾個重要技巧來補充、讓威力更強大。

　　BOST分成兩個主要策略：**預備**與**實行**。

　　有件重要事得在一開始先提醒讀者：雖然這裡的幾個主要步驟是按照次序介紹的，但這個次序完全不重要，可以視教科書的需要而改變或增刪。你還需要去閱讀及複習關於速讀、記憶，以及心智圖的章節，好讓BOST學習法產生最大的效果。

BOST®：預備

第一節包括

⊙ **翻閱**

⊙ **時間與分量**

⊙ **五分鐘心智圖草圖**

⊙ **提出問題及定義目標**

翻閱

　　在什麼都沒還做之前，有一件很重要的事，那就是「翻閱」你即將研讀的整本教科書、期刊、筆記或論文。翻閱的方法就

像你在書店翻一本你考慮要買的書，或在圖書館看一本你想要借的書那樣。換句話說，輕鬆且快速地翻過去，讓自己對那本書有個大致的「感覺」，察看它的組織與結構、困難度，以及圖表及插圖與文字的比例，順便看看書中有沒有什麼成果整理、總複習和結論之類的東西。

時間與分量

這兩個步驟可以同時進行，因為它們背後的理論很類似。

你坐下來讀一本教科書時，第一件要做的事就是決定你要花多少個時段來讀。做了這個決定後，再決定每個時段要讀多少分量。

一開始必須先經過這兩個步驟，這並不是我個人隨便建議的，而是有完形心理學家的研究做根據。（在還沒繼續往下讀之前，請先去完成下一頁的練習。）

完形心理學家發現，人類的大腦有非常強的「將事情完全化」的傾向——所以大部分的讀者會發現，他們把下一頁的圖案形狀寫成直線、圓柱、正方形、橢圓或卵形、鋸齒線、圓、三角形、波浪或曲線，及長方形。事實上那個「圓」並不是個圓，而是一個「有缺口的圓」。許多人真的把有缺口的圓看成一個完整的圓。另一些人則是看出它有缺口，卻假設畫圖的人其實是要畫一個完整的圓。

在開始讀書前先做好時間與分量的決定，彷彿為我們拋下一個穩固的錨，並給我們一個確切的終點或目標。這麼做的好處是，幫助我們適當串接起內容，而不會東讀一段西讀一段地四處徘徊。

我可以用去聽一場好演講來打比方。講者在講述困難題材

1

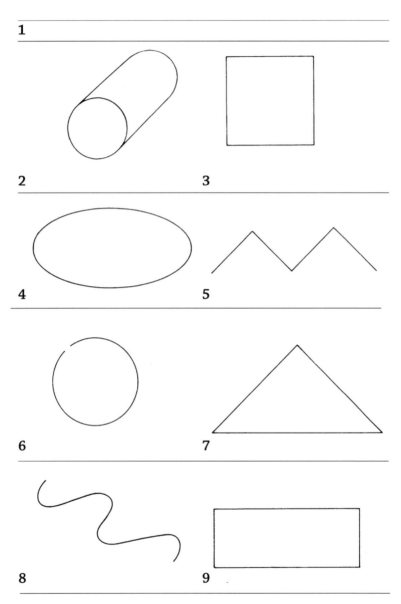

2　　　　　　　　　　　　　**3**

4　　　　　　　　　　　　　**5**

6　　　　　　　　　　　　　**7**

8　　　　　　　　　　　　　**9**

圖形辨識。上面這些圖案各是什麼圖形，請把答案寫在數字旁邊。

給聽眾聽之前，通常會告訴聽眾他的出發點是什麼，終點是什麼，而且經常會說明每個主題大概會花多少時間介紹。聽眾們很自然就會覺得這場演講比較容易掌握，因為當中有幾條準繩為他們指示方向。

我建議讀者把要讀的分量具體標出來，可以用夠大的便利貼在該讀範圍的起頭頁及最末頁。這方便你來回查考資料。

一開始就做時間與分量的決定還有另一個好處：可以避免未知的潛在恐懼。如果沒有做好計畫就埋頭研讀一本厚重的教科書，你最終必須讀完的幾百頁會持續壓迫你。每次坐在書桌前，就會看到你「還有好幾百頁的書要讀」，而且在讀書時，這就是你持續且真實的「威脅」。但是如果你已經選好在讀書時段能讀完的合理頁數，你在讀書時就會覺得自己設定的工作很容易，一定可以達成。兩者帶出的讀書心態及學習表現會有顯著差別。

5分鐘心智圖草圖

決定好要讀多少分量後，接下來用最快的速度把所知有關科目的東西記下來。做這件事應該不要花超過5分鐘的時間。

這項練習的目的是：

⊙ 集中注意力。

⊙ 避免胡思亂想。

⊙ 培養良好的讀書「心境」。

培養良好的讀書「心境」的意思是，讓你心中充滿那些重要的、而非不重要的資訊。當你已經花了5分鐘在記憶中搜尋恰當的資訊後，你將更能適應接下來要學習的課文內容，不可

能再去想你之後要吃的草莓冰淇淋。

　　這個練習不能超過5分鐘，所以你不需要把所有知識都寫下來——這5分鐘的動作只是要啟動你的記憶系統，並且讓你的心智朝著正確方向前進。

　　你可能會有一個疑問：「對這個學科我可能一無所知，但也可能懂得非常多，我畫的心智圖難道不該有所不同嗎？」

　　如果你對這個學科的知識很豐富，這5分鐘該花在回想這學科的主要次領域、理論及代表性人物。因為你的心思掃過資訊的速度，比你用手寫快得多，所以，所有更細的分支依然可以在你心中被「看見」，同時也可以建立適當的心態與方向。

　　如果你對這學科幾乎一無所知，這5分鐘應該花在回想你僅知的少數幾樣東西，以及任何你覺得可能跟這學科有關的資訊。這樣做能讓你盡可能接近這個新學科，並避免完全迷失在此學科中。

　　所以，將你關於該學科的現有知識整理起來能讓你有些收穫。靠這種方式，你能將自己對許多學科的知識維持在最新狀態，並且真正知道自己懂了多少，而非老是處在不知道自己懂些什麼的窘境，這就是「答案就在嘴邊了，卻說不出來」症候群。

提出問題及定義目標

　　當你整理過學科的現有知識後，接著就是決定你要從書中得到什麼。你必須列出一些想在研讀過程中獲得解答的問題，而且這些問題必須和你想達成的學習目標直接相關。許多人喜歡用不同顏色的筆來寫這些問題，並且填到關於現有知識的筆記上。心智圖就是做這件事的最佳工具（第6章）。

　　這個動作和記下現有知識的動作一樣，是根據建立恰當學習心境的原則而設計的。你不應該花遠超過5分鐘的時間做這件事，因為在研讀過程中，你可能還會修正問題或提出新問題。

為什麼設定問題與目標如此重要？

　　為驗證這種做法確實有效，我們做了一個實驗。找兩組年紀、教育程度及能力相仿的人，每一組都指定同一本課本，並且給他們足夠的時間讀完整本書。

　　告訴第一組的人，最後他們將接受綜合測驗，測驗範圍是書中所有內容，請他們照著指示來準備。

　　告訴第二組的人，他們最後要測驗書中兩、三個貫穿全書的重要主題，請他們根據指示來準備。

　　事實上兩組人最後測驗的都是整本書的內容。一般人直覺的反應是，這對告知只測驗書中重要主題的人不公平。

　　一般人還會認為，在這種狀況下，第二組的人在關於那兩、三個主題的問題上會表現得比較好，第一組的人則會在其他問題上表現較佳，兩組最後的總分可能會差不多。但結果出乎許多人意料，第二組的人不只是在重要主題的問題上表現得比較好，他們的總分也比較高，而且在測驗的每個部分得分都比另一組高。

　　會出現這樣的結果，原因是書中的重要主題就像是大鉤子，把所有的資訊連貫起來。換句話說，主要問題與目標就像是職司結合與連接的中心，所有其他資訊都可以很輕易地依附在上面。

　　被指示要把全部內容都學起來的那一組人，沒有任何能讓

他們連結新資訊的中心，因此他們在資訊中盲目摸索，沒有可立足的根基。這就很像一個人被給予太多選擇，以至於到頭來沒辦法做出決定；這就是「什麼都想要的人，最後反倒什麼都得不到」的詭譎現象。就像前一節那些練習，當清楚了解練習背後的理論根據後，「提出問題」及「建立目標」就越來越重要。值得強調的是，這些問題與目標設定得越精準，就越能掌握BOST®的應用。

如何將這個應用階段用心智圖記下來？請參看第6章

BOST®：實行

第二部分要介紹的是實行，它包括：

⊙ **概觀**

⊙ **預覽**

⊙ **精讀**

⊙ **複習**

概觀

談到人們使用學習書的方式有個有趣的現象：大多數人在拿到新課本時，都是從第一頁開始讀起。我不建議你從第一頁開始讀你的新課本。原因如下：

想像你是個狂熱的拼圖迷。朋友帶著一個用包裝紙包裝好、綁上絲帶的大盒子，說這是給你的禮物：「人類設計過最美麗也最複雜的拼圖！」你跟朋友道了謝。就在目送他離開時，你已經決定從那一刻起，要投入全部精神來完成這幅拼圖。

在還沒繼續往下讀前，請把你為了完成拼圖而打算採取的每個步驟都詳細記下來。現在，拿你寫的答案與下面這份根據我的學生的回答整理出來的步驟比較：

1. 回到屋內。
2. 解開絲帶。
3. 拆開包裝紙。
4. 處理掉絲帶及包裝紙。
5. 看看包裝盒上的圖。
6. 閱讀包裝盒上的說明，注意總片數及完成後的尺寸。
7. 估算及安排需要花在拼圖上的時間。
8. 計畫中場休息時間及吃飯時間！
9. 找一個適當大小的平面來排拼圖。
10. 打開盒子。
11. 把盒子裡的拼圖倒到平面上或盤子裡。
12. 如果你是個悲觀的人，數看看總片數對不對。
13. 把每片拼圖翻成正面朝上。
14. 把四邊及角落的拼圖片找出來。
15. 把特定顏色區域的拼圖片放在一起。
16. 把「很明顯」的區塊先拼出來。
17. 繼續做。
18. 困難的部分留到最後（當整個拼圖的圖像越來越清楚，拼好的片數越來越多，原本的困難部分因為背景結構增強而輕易拼出的機率也會越來越大）。
19. 繼續這樣的流程直到拼出全圖。
20. 好好慶祝一番！

　　這個拼圖比喻可以直接套用在學習上：從第一頁開始讀，就好像選定拼圖的左下角，然後堅持整幅拼圖只能從那個角落開始一步一步往外拼起來！

　　研讀教科書（尤其是困難的教科書）的合理策略，是必須能讓學習者先準確掌握書中有哪些內容，而不是讓他冒冒失失地埋頭苦讀，最後導致無可收拾的後果。BOST®學習法就是設計來幫助學習者完成這項工作，功用就類似於看拼圖的完成圖、閱讀拼圖說明，以及找出位於四邊及角落的拼圖片。應用在讀書的例子上，這表示你要快速查閱那本書，找出沒印在書中正文部分的所有資料。你可以用鉛筆之類的東西來導引視線。在概觀時你要注意書中這些部分：

成果　表格　次標題　總結　目錄　日期
結論　頁邊注解　斜體字　縮排　圖解　圖表
詞彙集　英文大寫　注釋　封底文字　照片　統計數字

　　這麼做的目的是要讓你更能掌握書中的架構，不是要去快速讀過整本書，而是要去選擇特定題材來深入閱讀。（速讀在這裡會對你有很大的幫助──請參看第4章。）

　　有一點非常重要，值得再次強調：在整個概觀過程中，你應該用原子筆、鉛筆或者其他形式的視線導引工具來輔助。

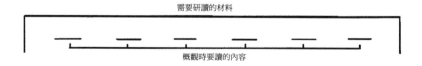

一本書在概觀時要讀的部分。

必須這麼做的原因，可以用看一幅圖案來解釋。沒有輔助工具導引視線時，你的眼睛會短暫地凝視圖的整體輪廓，然後視線就從圖上移開，只留下模糊的視覺記憶，而且那記憶會受到干擾，因為你視線移動並未能如實記錄下那幅圖的樣式。

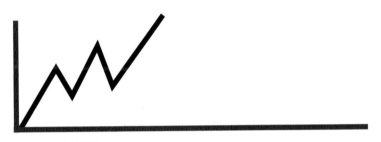

要學習的實際圖案

如果有視覺導引工具，視線的走向就會大致遵照圖案的走向，而且你的記憶會因為以下這些因素而強化：

1.視覺記憶本身。

2.與圖案形狀大致相符的眼珠移動記憶。

3.跟著圖案走的手臂（或手）移動記憶——動覺記憶。

4.導引工具的節奏與移動的視覺記憶。

經由這個動作所帶出的整體回憶，會比一個不用任何視覺輔助工具來閱讀的人的回憶好得多。一個有趣的事實是，會計人員通常會用筆來導引目光，在一行接一行、一列接一列的數字中，做上下及左右的移動。他們很自然地這麼做，因為在沒有導引工具輔助下，人的眼睛很難做非常準確的線性移動。

視線未受導引時記憶下的標準圖案，與原圖案形狀相衝突。

預覽

預覽東西的意思就只是「預」「覽」，或是「先」「看」。如果你容許大腦在還沒開始速讀（即快速閱讀，這是閱讀技術之一）全書之前，先看到整本的模樣，你第二次再讀的時候就能更有效率。

在還沒閱讀學習材料之前先預覽，目的就和還沒從甲地開往乙地前先規畫路線一樣。你必須先知道那地區的風貌，以便決定是要走路程較長、但風景絕佳的路，還是直接抄捷徑就好。

預覽應該應用在你需要學習的每一樣事物上，包括溝通的文字，例如試題的說明，以及又多又長的電子郵件等。只要預覽做得有效率，就能幫你省下非常多的時間，加速提高你閱讀與理解的層次。

如何有效率地預覽

在開始讀一本書或一份文件之前，你要知道有哪些內容是你已經知道的，以及你讀這本書預期達到的效果。先快速翻閱文件，找出其中核心元素。如果某些內容是一些你原本就知道

的事，在上面做個記號，下次閱讀時就可以跳過去。

　　為你讀的每樣東西做一些筆記，方便你將來參考，也讓你往後在讀書時，能使用先前學過的知識來評估你讀的內容與既有知識之間的關聯。

　　預覽時，注意力應該擺在段落、小節、篇章、甚至整份文件的開頭與結尾，因為以形諸文字的材料來說，資訊通常會集中在開始與結尾的部分。

　　不論是在讀篇幅不長的學術論文，或是複雜的教材，都應該先閱讀總整理、成果及結論的章節。這些章節的內容通常正好就是你想要搜尋的關鍵資訊，這樣做可以幫助你不需費力去讀一大堆只是在浪費時間的材料，就能掌握住關鍵資訊。

　　從這些章節得到關鍵資訊後，你只需要檢查它們是不是真正整理了正文的內容即可。

　　預覽就和概觀一樣，你並不是深入閱讀全部的資料，而只是把注意力再次集中在特別的地方。

邁向成功的策略

　　這一小節非常重要。例子的主角是一位在牛津接受教育的學生，他已經花了4個月，辛苦地要啃完一本厚達500頁的心理學鉅著。當他讀到450頁時，他已經開始覺得沮喪，因為在閱讀過程中，他需要「抓住」的資訊量已經太大──幾乎可以說，他就在快要達成目標之前開始在資訊流中載浮載沉，快要淹死了。

　　原來，他一直都是按照章節順序閱讀，而且雖然他已經讀到很後面，但他還不知道最後一章的內容是什麼。其實那是整本書的總整理！他讀完那個章節，並且估計，如果他一開始就先讀這個章節，那麼他可以省下至少70小時的讀書時間、20小

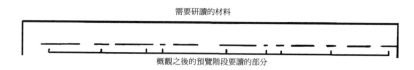

需要研讀的材料

概觀之後的預覽階段要讀的部分

一本書在概觀之後的預覽階段要讀的部分

時寫筆記時間，以及幾百個小時的無謂擔心。

　　所以，在概觀及預覽階段，你應該非常積極地選擇與捨棄。許多人仍然覺得他們必須讀到一本書裡的每樣東西，即使他們知道那些內容不見得和他們有關。相較之下比較好的方式是：看待一本書就像看待一場演講。換句話說，如果演講者講得很無聊，就跳過他說的話；如果他給太多例子、說話不著邊際，或是講的內容有誤，那就適當地選擇、批評、修正及忽略他的話。

精讀

　　在概觀與預覽之後，假設你覺得還需要得到更多資訊，就要「精讀」你的學習材料，就是要「填滿」還是空白的區域。這就像拼圖的周圍以及彩色部分已經拼好，接著要填補剩下來的區塊。這不見得是最重要的閱讀階段，因為大部分的重要資料都已經在之前的步驟讀過了。

　　我們從右頁圖中可以注意到，某些章節即使是在精讀階段也沒辦法讀通。因為有些特別困難的部分最好先跳過去，而非靠著蠻力想在當下強行攻克。

　　再次聯想一下與拼圖的類比：絞盡腦汁去找出可以填進「困難部分」的拼圖片，不僅讓人神經緊繃，而且是在浪費時

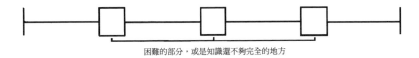

困難的部分，或是知識還不夠完全的地方

一本書在精讀階段完成後要讀的部分

間；把拼圖片硬塞進空隙或是用剪刀修剪（你自以為了解或假裝了解那部分，事實上並不然），也同樣沒有用處。對教科書中困難章節的理解與否，很少會影響你對之後章節的理解，直接跳過卻有許多好處：

1.如果不急著立刻解決，你的大腦會得到一小段時間，在潛意識中處理這些困難問題。（大部分的讀者應該都有過以下這種經驗：一個原本「完全想不出該怎麼做」的考題，後來再回頭來看，答案竟突然就跳了出來，而且問題的解法經常是簡單得離譜。）

2.如果困難問題留到後面才處理，你就可以從兩側來觀察。除了有前述的明顯優點外，從結構來考慮困難的部分（就像在拼圖中，等情況更明朗後再來拼填困難的地方），還能激發大腦自動填補欠缺的環節，讓大腦運作得更有效率。

3.繼續向前走，暫時撇開困難的問題，可以舒緩伴隨傳統讀書法而來的壓力與心理掙扎。

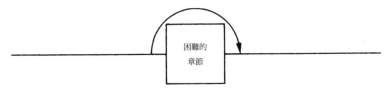

困難的
章節

先直接「跳過」一個障礙，通常能讓讀者在再次回頭來看時，帶著更多「從另一面」而來的資訊。這個障礙很少會影響讀者對後面章節的理解。

綜觀任何學科的歷史發展，你會發現在規律、邏輯上環環相扣的一系列小步驟中，會穿插幾個大躍進。

那些深具洞察力、跨出大躍進的人，經常都是「憑直覺」（結合左腦與右腦的功能）提出這些想法的，而且接著就會遭受其他人的責難。伽利略與愛因斯坦就是典型的例子。當他們後來一步步解釋他們的想法時，其他人才逐漸清楚他們在講什麼。有些人在解釋的初期就了解，其他人則要等到觀念開創者快說到結論時才領悟。

就如同觀念開創者能夠直接跳過許多後續步驟而得到結論，也如同一開始就了解他結論的聽眾能跟他來到同樣的境地，那些選擇先跳過課文某些小章節的學習者，也能讓自己天賦的創造力與理解力得到更多機會發揮。

複習

完成概觀、預覽及精讀之後，如果你還需要進一步的資訊才能達成目標、回答問題或解決問題，那麼你就要再加上複習階段。在這個階段，你只需要補上尚未完成的部分，並且重新考慮你先前註記為值得注意的章節即可。在大多數情況下，你會發現一些先前認為可能與目標相關的資訊，頂多只有七成多會在最後真正用到。

做筆記的要點說明

研讀課本時所做的筆記應該有以下兩種形式：

1. 直接寫在課本上的筆記。
2. 一幅不斷擴張的心智圖（參看第6章）。

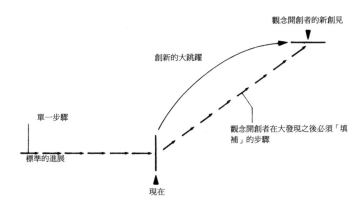

觀念與創見的歷史發展

直接寫在書本裡的筆記可以包括：

1. 在字詞下方畫線。

2. 因課本內容而起的個人感想。

3. 批評意見。

4. 在重要或值得注意的內容旁邊（左、右兩側頁邊空白處）畫的線。

5. 在不清楚或難懂的內容旁邊畫的曲線或波浪線。

6. 在你希望進一步研究或認為有問題的內容旁邊打上的問號。

7. 在還沒解決的內容旁邊寫的驚嘆號。

8. 在與你個人目標有關的資訊項目或內容旁邊標記的、只有你自己看得懂的符號。

直線用來標記重要或值得注意的內容。

曲線用來標記難懂或不清楚的內容。

　　如果教科書不是那麼貴重，你可以用各種顏色的記號來做筆記。如果那本書值得珍藏，那麼可以用軟性鉛筆來做筆記。只要筆尖很軟，使用的橡皮擦也很軟，寫筆記對書本造成的傷害不會比用拇指與手指翻書嚴重。

如何將這個應用階段的注意事項畫成心智圖，請參看第6章的解釋。

用心智圖做筆記

　　你會發現，在研讀教科書的過程中，用心智圖畫下正文的結構是非常好的學習法，非常類似於將拼圖一片一片嵌入圖中，以拼出整幅圖像來。（要學習如何針對不同的學習層面，發展及畫出專屬你自己的心智圖，請參看第6及第7章。）

　　隨著研讀教科書的過程也建構出一幅心智圖，這麼做的優點是，你可以將許多原本「懸而未定」的資訊具象化並組織起來。那幅越來越大的心智圖還能幫助你很快找到之前已經讀過的資訊，而不需要重新翻閱已經讀過的地方。

　　心智圖能讓你在下過合理分量的基本研讀工夫後，看出你讀的這門學科中有哪些部分容易產生觀念上的混淆，也看出這門學科在哪些地方可以和其他學科連接。正因如此，心智圖能將你放進創意狀態中，讓你能夠：

⦿組織已知的知識。

⦿明白所學的內容與其他領域的關聯。

⦿碰上混淆及有爭議性的情況時，做出適當的評斷。

在學習的最後一個階段，你應該要用心智圖將你先前根據課文內容所寫的筆記都整理起來，這將成為你繼續學習及複習的基礎。

當你完成最後階段，你應該就像我們想像中的拼圖迷那樣，好好慶祝一番！這可能聽起來像是在開玩笑，但是你也可以想成是真的：如果你結合完成學習任務與給自己的獎勵，你的學習情境就會越來越愉快，學習意願也會因此大大提高。

只要你的讀書計畫進行順利，我便建議你製作巨幅的總心智圖，將這門學科領域中的主要支幹及結構全都整理在一起，形成一幅概觀圖。

請參看第6章中有關心智圖筆記的畫法。

持續複習

除了立即複習之外，持續的複習計畫也很重要，這理論根據來自你即將學到的有關記憶的知識。（請參考第5章關於記憶的介紹。）

我們知道，記憶並不是在剛學過之後馬上衰退，反倒是先上升一下子，然後才開始成為水平，隨後再鉛直般下降。

從右頁這張圖可以看出，只要固定在記憶正要開始下降之處做複習即可。在記憶量及知識完整性最高的地方複習，可以讓高點再維持一天或兩天。

BOST®學習法小結

⊙ 整個BOST®學習法（博贊有機學習技巧）不該被看成按部就班的固定流程，而該視為研讀教科書的一系列相關的學習法。接下來這三個與技術有關的章節，對BOST®會有直接的衝擊。

⊙ 你大可調換或改變本章介紹的步驟順序。

⊙ 你可以先決定要研讀的分量再來決定要讀多少時間；科目內容有可能在時間與分量被決定好之前就已經先知道了，因此可以先畫好既有知識的心智圖；問題可以在預備階段提出，也可以在任一個後續階段結束後才提出；對某些書來說，概觀可能並不適用，可以整個省掉，但是對數學或物理之類的學科來說，概觀可以重複好幾次。（有一個學生發現，與其辛辛苦苦地一次挑戰一個公式，倒不如運用概觀的技巧，一連4週，每週快速地把一本進階數學課本的四章內容讀25次。當然，他是將「跳過困難部分」的精神發揮到極致，不過對他而言結果非常有效。）預覽可以省略，或拆成幾段來進行；精讀與複習也可以視情況增加或省略。

　　換句話說，每個學科，以及每門學科的每本書，你都可以帶著自信用最適合的方式去研讀。每一本教科書不論難易，你都知道自己已經擁有基本的學習概念，知道如何找到恰當且獨特的方式來研讀。

　　因此，你的學習將是個人化、互動式、不斷改變且不斷激發的經驗，不是僵化、無人性且乏味的麻煩工作。

　　還有一點值得注意：雖然感覺上那本教科書會被讀很多

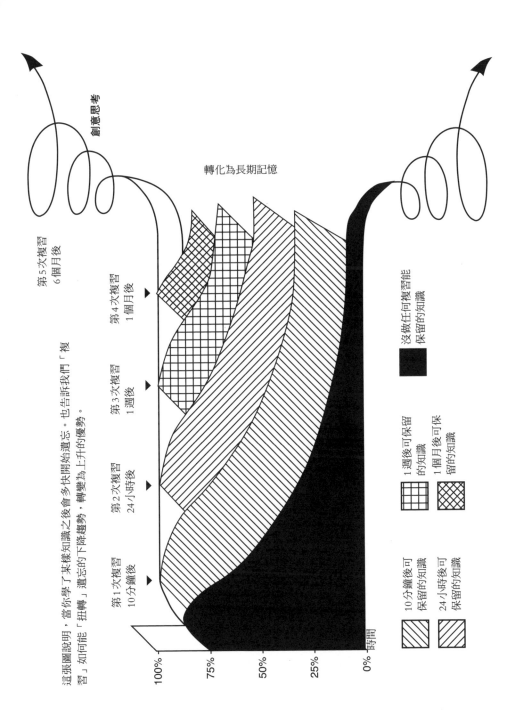

這張圖說明，當你學了某樣知識之後會多快開始遺忘。也告訴我們「複習」如何能「扭轉」遺忘的下降趨勢，轉變為上升的優勢。

創意思考

轉化為長期記憶

第 5 次複習
6 個月後

第 4 次複習
1 個月後

第 3 次複習
1 週後

第 2 次複習
24 小時後

第 1 次複習
10 分鐘後

100%

75%

50%

25%

0%

時間

10 分鐘後可
保留的知識

24 小時後可
保留的知識

1 週後可保留
的知識

1 個月後可保
留的知識

沒做任何複習能
保留的知識

次，但事實並非如此。使用BOST®學習法，平均而言大部分的
章節你只會讀一次，而接下來你要做的事，就只是有效率地複
習你認為重要的章節。可以用下面的圖來說明：

使用BOST學習法讀一本書的「次數」

　　相對地，「只讀一次」的讀者並非真的只讀一次，而是讀
了非常多次。他卻以為自己只讀了一次，因為他是一段資訊接
著一段資訊閱讀。但他沒發現：他經常回頭看同一段課文、不
自覺地跳回前一段、重讀難懂的句子、無法掌握課文的結構、
忘記已經讀過的內容（因為沒做好複習的工夫），以至於實際
上讀了那本書或那一章十次。

使用傳統「只讀一次」的讀書策略實際上讀一本書的「次數」

下一章預告

　　「博贊有機學習技巧」可以幫助你輕而易舉且有效率地進入
知識的殿堂。它能激勵你的大腦去學習更多，不但越學越多也
越學越輕鬆。還能將你從一個不願面對現實的學習者，轉變成
想要吞下100本書的貪婪傢伙！接下來幾章會告訴你如何將**速
讀、記憶**及**心智圖**等技術與BOST®**學習法**搭配起來使用。

4

速讀術

速讀是一個完整的知識吸收過程。速讀可以徹底改變你要學習的關鍵事實與數字的次序，以及記在心裡的能力。

速讀可以增進你的學習能力。學會速讀可以幫助你：

- 大幅增加你的閱讀速度。
- 增進你的專注力與理解程度。
- 讓你更了解眼睛與大腦的運作方式。
- 增加你的詞彙與一般知識。
- 節省你的時間，帶給你自信。

你要克服的問題是：

- 決定要閱讀的內容：選擇的藝術。
- 了解你閱讀的東西：有效地做筆記及理解。
- **保存**資訊：如何記住你想知道的東西。
- **回憶**資訊：在必要時回想起你需要的訊息，彷彿信手拈來。

你在本章中將學到的學習技巧包括：

- 自我評估：你的閱讀速度有多快。
- 「視線導引閱讀」技巧：幫助你以更快的速度吸收到更多的資訊。
- 一些小祕訣：將原本的閱讀問題轉變成對你有利。
- 學習指引，教你如何
    - 更專注。
    - 了解更多東西。
    - 「掃瞄」及「快速閱讀」資訊，以掌握關鍵內容。

◦創造適用於你的學習環境。

在你學會基本的速讀技巧之後，我們會在某個章節教你如何增加你的英文字彙，讓你懂得更多新字首、字尾及字根，藉此進一步調高你的閱讀速度。有可能可以讓你輕輕鬆鬆就增加上千、甚至上萬個英文字彙。

學習速讀對你的大腦有許多益處：

◉你的眼睛不必再那麼費力閱讀，因為你已經不再需要經常停下來吸收正在閱讀的資訊。

◉速讀的節奏與流動性，會讓你更輕鬆地吸收讀過文章的意義。（緩慢的閱讀步調會讓人有更多停頓、感覺無聊、喪失注意力，這會抑制你的理解力，也減慢你了解內容的速度。）

閱讀速度自我測試

何不在照我的方法開始做之前，先測試一下你的閱讀速度？我建議你現在就選定一本書，專門用來評估你速讀功力進步的情形。這麼一來，在閱讀本章的過程中，你可以一天天、一週週地看到自己真正的進步情形。

要計算你每分鐘能讀多少字，請照下面的步驟做：

1.讀幾分鐘書——在開始及結束的地方做好標記。

2.數數看，3行文字中共有幾個字。

3.把那個數字除以3，得到每行文字的平均字數。

4.數數看你讀了幾行字（較短的行可以兩行算成一行）。

5.把每行平均字數乘上你讀的行數，再將所得的數除以你閱讀的分鐘數。如此就可以算出你的閱讀速度是每分鐘

幾個字（單位：wpm）。以方程式來呈現，計算wpm速度的公式是：

$$Wpm（速度）= \frac{閱讀的頁數 \times 每頁平均字數}{閱讀的分鐘數}$$

如果你照著本章介紹的方法來使用你的大腦，那麼你將自動學會速讀，將為你的學習與理解帶來很大的幫助。

你是如何閱讀

你有沒有停下來想過，你是如何閱讀及吸收資訊的？在還沒有開始學習可以讓你每分鐘讀到1000個英文字的速讀技術之前，花一點時間想想下面這些說法。

⊙字應該一個接一個地讀。

⊙一分鐘不可能讀超過500個英文字。

⊙如果你讀得太快，就沒辦法領會所讀的東西。

⊙閱讀速率越高，專注力就越低。

⊙一般人的閱讀速度是自然的速度，因此也是最好的學習速度。

這些陳述當中，哪些你認為「對」，哪些你認為「不對」？

⊙字應該一個接一個地讀。

不對──我們是要了解字的意思，而不是一個個的字。

⊙一分鐘不可能讀超過500個英文字。

不對——我們有辦法一眼讀6個英文字，一秒鐘讀24個英文字。

⊙如果你讀得快，就沒辦法領會所讀的東西。

不對——讀得越快的人，更能了解文章所要表達的東西，有更高程度的專注力，而且還有時間複習特別重要或需要注意的章節。

⊙閱讀速率越高，專注力就越低。

不對——讀得越快，我們就越氣勢如虹，也因此越能集中注意力。

⊙一般人的閱讀速度是自然的速度，因此也是最好的學習速度。

不對——一般人的閱讀速度並不是自然的；這只不過是傳統閱讀方式帶給我們的限制。

改變你「什麼可能，什麼不可能」的個人信念，有助於你了解速讀的運作方式，也能增加你學會速讀的機會，因為你的心思不會再受到假信念拖累而阻礙了進步。

引導視線移動

假設你讀這本書時我就坐在你旁邊，請用食指把你的視線在頁面上移動的方式指給我看，你認為你食指會怎麼移動、速度如何？大多數人的食指會順著每行文字由左而右，以直線前進，然後一行行地往頁面下方移動。然而這種做法並不正確。

「停一走」的掃讀

一般讀者一分鐘可以讀200到240個英文字。一行一行地讀

是有效吸收資訊的方法，但不是最快的方法。我們的視線可以用許多不同方式在頁面上移動，仍然能成功地吸收知識。

在讀書時，我們的視線其實會規律性地做一些小小的「跳動」、暫停，或「凝視」，以便吸收資訊（請參右頁的甲圖）。因此你的視線並非平順、不中斷地掃過頁面；它會停下來，然後才重新開始，以便接收資訊。你可以藉著在每個停頓點暫停的時間少一點，並使用鉛筆之類的東西來導引視線，來立即增進你的閱讀速度。一個有趣的事實是，只有當眼睛能將東西「抓穩」時，才能把事情看清楚：

⊙ 如果一件東西維持不動，你的視線就要維持不動，以便看清楚。

⊙ 如果一件東西在移動，你的視線就必須跟著走，才能看清楚。

你可以親自做下面這個實驗來驗證。伸出一根手指在你眼前。當手指不動時，你的視線也不動；當手指移動時，你的視線也會跟著動，以便看清楚。應用在閱讀上，這表示你的視線必須不時停下來，以便看清楚頁面上的字，因為那些字是靜止不動的。這是個重要的速讀概念。當你的眼睛停下來時，你一次可以看5或6個英文字。你的眼睛可以輕易地凝視在一行文字的開頭不遠處，或接近結尾處，然後把「旁邊」的資訊也一起吸收起來。如果你使用視線導引的輔助工具，它能讓你眼睛的工作量降至最低，保持你大腦的專注度，維持一定的閱讀速度，並且理解所讀的內容。

請參考下一頁的幾個圖。

乙圖讓你看到一個拙劣閱讀者的視線是如何移動。這位讀

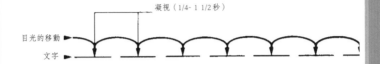

甲圖：閱讀過程中視線的「停走」移動模式，或是「跳躍」。

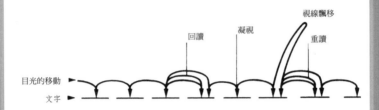

乙圖：慢速閱讀者的拙劣閱讀習慣：一次讀一個字，不自覺的回讀與視線飄移，以及自覺的重讀。

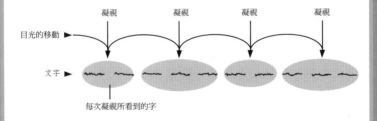

丙圖：優秀且有效率的閱讀者的視線移動方式。每次凝視會同時看到更多個字，而且回讀、重讀及視線飄移的現象減少了。

者在文字上停駐或凝視的時間是一般人的兩倍。停駐時間比別人長的原因是，這位閱讀者經常重複閱讀文字，有時回頭看3次以上，以確定他掌握住正確的意義。研究顯示，當閱讀者被限制不能回頭讀之前看過的文字，或重複讀同一段文字，80%的人還是能吸收所有必要的資訊。

　　丙圖讓你看到，一個優秀的閱讀者不但不回讀（back-skipping），也不重讀（regression），他還會直接從一組字跳到另一組字。

　　在一行約12個英文字的正常書頁中，拙劣的閱讀者凝視每個字，閱讀過程中還不時回頭看先前的字或反覆看同一個字，讀一行字大約要停頓14次，每次停頓平均約半秒。也就是讀一行字要花7秒。相較之下，一位速讀者，只要他稍做調整並且學會不受外在干擾，就能在2秒鐘內讀完一行字。

　　接下來介紹的一些技巧是為了克服妨礙閱讀的幾個常見問題——回讀、視線飄移及重讀——而設計的，它們將幫助你在每次放眼凝視一頁文字時，都能吸收越來多的字，就像丙圖的讀者一樣。

加快閱讀速度的七個步驟

　　閱讀通常被描述成「從書中讀到作者所要表達的」或「將事實、數字及理論吸收起來」；但我相信閱讀並不止如此：**閱讀是個人與符號資訊的全面互動關係。**

　　此定義的核心是同時發生在許多不同層次上的過程，而且通常和學習的視覺層面有關聯，也就是和我們可以看到的東西有關。要讓閱讀有知識性，並且讓閱讀方法有效率，你需要了解以下七個層次。如果你想成為速讀高手，以下每個層次的能

力都必須進一步提升。

1. 辨識
2. 接收
3. 理解
4. 知識
5. 保存
6. 回憶
7. 溝通

辨識

你對英文字母符號的認識。這個步驟發生在真正閱讀活動開始之前。

接收

光線從文字上反射，並被你的眼睛接收的過程。這訊號接著會經由視神經傳送到你的大腦。

理解

將閱讀到的每一部分的資訊與所有其他相關資訊連接起來。包括文字、數字、概念、事實及圖像。（我稱之為「內在整合」〔intra-integration〕。）

知識

將你先前知識的整體拿來與你正在閱讀的新資訊對照，並且做出適當的連結的過程。包括分析、批評、認同、選擇及拒

絕。（我稱之為「外在整合」〔extra-integration〕。）

保存

　　基本的資訊儲存機制。儲存本身也可能成為問題；大多數的學生應該都有過以下經驗：因為擔心考試時會想不起某些關鍵資訊而焦慮。儲存本身還不夠，還要有「回憶」來配合。

回憶

　　從儲存庫中將所需要的資訊（**適時地！**）擷取出來的重要能力。

溝通

　　所獲致的資訊當下或最終能被使用的情況：用在你的專題報告、口試或筆試，以及有創意的成果展示會上。最值得注意的是，溝通還包括最最重要的一個功能：思考。

　　你已經了解閱讀的全部定義，以及在增進閱讀速度上的應用，現在我們可以繼續往前處理一些主要的閱讀問題。

打敗閱讀「問題」

　　一個問題一旦被正視、分析、了解，就會變成一個正向的能源中心，為我們創造出許多解答來。

　　關於閱讀以及人們的閱讀能力，我們許多人都有一些錯誤的認識。花一點時間想想，你覺得自己在閱讀上碰到的主要問題是什麼──大家最常遇到的問題有：

視力　速度　理解　時間
分量　筆記　保存　恐懼　回憶
疲累　無聊　分析　組織
字彙　選擇　拒絕
專注

這些問題並不是出於能力不足，而是來自負面的自我信念、不適當的教學方法，而且不夠了解眼睛與大腦如何合作來接收資訊。

當你改變觀點，下面這四個常見的閱讀「問題」就能轉變成學習速讀的**好工具**。

默念
以手指導引視線
重讀
回讀

默念

閱讀時「口中」不自覺喃喃跟著唸，這種現象稱為默念。在學習閱讀的過程中，這是很自然的階段。如果一定得用默念才能理解文意，這就可能會成為學習速讀時的障礙，因為這會讓閱讀文字的速度變慢。但是，如果你的大腦可以在1分鐘內默念2000個字，這個問題就不會是問題了！

默念的**優點**是可以加強你對所讀內容的印象。你可以視情況調高你內在聲音的音量，在心中大聲把某些字詞喊出來，以強調那些特別重要的字詞或概念。如此一來，默念就變成有助

記憶的技術了。

　　默念可以為失讀症患者帶來益處，因為閱讀文字時在心中默念的聲音，可以提醒大腦個別字母的形狀，讓左右兩側的大腦都對所讀的文字產生反應。

以手指導引視線

　　大部分的人發現，他們習慣有個東西來導引視線，這會讓他們的眼睛輕鬆許多，閱讀起來也比較有效率。因為眼睛是設計來跟著東西移動。用手指導引視線不僅不是壞習慣，還真的能幫助我們學習速讀。我在這裡建議你，可以考慮採用細一點、專為導引視線而設計的輔助工具，因為手指可能過於粗大，會擋住某些文字。

重讀與回讀

　　重讀是「自覺地」再讀一次你之前讀過的字詞、片語或段落。你之所以重讀，是因為你覺得先前漏讀或誤解了內容。

　　回讀的動作和重讀類似，卻是「不自覺地」再讀一次之前讀過的東西。

　　雖然重讀和回讀不盡相同，但是發生的原因都和缺乏自信，及希望能待在閱讀的「舒適區」有關。兩者都是可以改掉的習慣。

　　研究顯示，重新閱讀一次對於提高理解的層次並沒有影響，所以你所做的，不過是施加額外的壓力在你的眼睛上。強迫自己戒掉這些習慣的最簡單方法就是，增加你的閱讀速度，並且保持閱讀的節奏。

奧妙的眼睛

　　你的兩顆眼睛是部奧妙的光學儀器，其精準度及複雜度比最先進的望遠鏡或顯微鏡還要高級得多。我們很早以前就知道，人類的瞳孔可以根據光線的強度及物體的距離來調整大小。光線越強、物體越近，瞳孔就越小。

　　我們還知道瞳孔的大小會隨情緒調整，所以舉例來說，如果你是在看讓你動心的人，你的瞳孔就會自動放大。這表示，當你越對某一科目的興趣越濃厚並且能持續下去，就越容易吸收你需要的資訊。

你的眼睛如何「閱讀」資訊？

　　眼睛後方的視網膜是一個光線接收器。當你的眼睛接收一系列複雜的影像時，視網膜的光線接收器會解碼那些影像，並讓它們沿著視神經傳送到你大腦的視覺區，也就是枕葉（occipital lobe）。

　　枕葉不在眼睛後方，而是在頭部後方；所以俗語說得沒錯：我們的頭後面還真的長了眼睛。

　　你的枕葉會指示你的眼睛，在書頁上獵取大腦感興趣的資訊。這知識就是我在這裡介紹的「革命性速讀法」的理論根據。

強化你「心智之眼」的練習

　　接下來是一系列為了擴張你的閱讀眼力而設計的練習，能讓你在閱讀書頁時，「一眼」就看到更多的字。

測量你的水平眼力與垂直眼力

　　先將以下的說明讀一遍，再開始嘗試做練習，或者，你可

以請一位同學讀給你聽，然後照著他的指示做：

雙眼直視前方，目光放在遠處（越遠越好）地平線上的一個點，接著：

⊙ 兩根食指指尖相觸，形成一條水平線，然後放在你鼻子前方大約10公分處。

⊙ 雙眼的目光仍然盯著遠方你選定的點，但是開始移動手指，讓它們沿著一條水平直線慢慢分開。（你的手臂和手肘也要跟著分開，但必須沿著水平方向移動。）

⊙ 繼續移動手指，直到手指剛好離開視野，你不再能看到手指在眼角之外的移動。

⊙ 停下來，請你的朋友測量你兩根手指的距離。

現在重做這個練習，但這次一根食指朝上，另一根朝下，兩根手指形成一條縱向線。再一次將它們放在你鼻前大約10公分處。

⊙ 目光仍然緊盯著遠方你選定的點，但是開始移動手指，讓它們沿著縱向線慢慢分開，一根朝上，一根朝下，直到它們逐漸脫離你視野的上下端。

⊙ 停下來，測量兩根手指的距離。

你是不是很訝異，當你正專心盯著別處時，你竟然還能看到那麼多東西，看到那麼廣的範圍？你是怎麼辦到的？

答案就在於人類眼睛的獨特設計。你兩隻眼睛的視網膜都各有1億3000萬個光線接收器，也就是說你總共有2億6000萬個光線接收器。你的中央聚焦區（用來讀書或視線盯在遠方一點時所用到的部分）只接收到總光線接收量的20%。剩下的部

分，也就是全部光線接收器的80%，則負責你的周邊視覺。

學習在閱讀時更加善用你的周邊視覺，這樣你就能開始發揮周邊視覺——你的心智之眼——這一大片未開發領域的潛能。

這裡講的「心智之眼」指的是什麼？我指的是用你的整個大腦，而不是只用你的眼睛，去閱讀或看東西的能力。那些做瑜伽、冥想或禱告的人，以及任何一個知道如何去「看」魔術眼（Magic EyeTM）三維圖像的人，都熟知這個概念。

用你的心智之眼來看

當你讀完下面這個練習的說明後，請翻到第76頁，並且把你的手指直接指在該頁中間「白日夢」這個詞下方。把眼睛的注意力全集中在那個詞上，在不動眼睛的情形下做下面的事：

　⊙看你能觀察到多少個位在中間這個詞左右兩側的字。

　⊙看你能辨識出多少個你指的這個詞上方及下方的字。

　⊙看你能不能判斷那一頁上方或下方有沒有出現數字，如

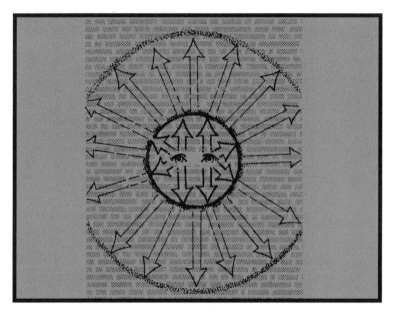

人的視野。內圈呈現的是當眼睛／大腦系統適當使用時，一個速讀者能看到明視區域。外面那圈呈現的，是他同時也能看到的周邊視覺區域。

果有，那個數字是多少。

⦿看你能不能算出對面那一頁有多少個圖案。

⦿看你能不能算出對面那一頁有幾個段落。

⦿你能清楚或大略判斷對面那幅圖案的主題嗎？

多數人對上述問題的回答大半都是「是」，這告訴我們，大部分的人都有同時使用周邊視覺與中央視覺的天賦能力。憑藉著這樣工具，你可以利用眼睛中總共2億6000萬個的光線接收器，來與你的大腦溝通，並且開啟你的大腦。

這個革命性的新閱讀方法代表的意義是，從現在開始，你將使用你的大腦而不只是眼睛來閱讀。本頁上方的圖案清楚呈現出可供你利用視覺的兩個層次。內圈的視覺是我們全都很熟

悉的明視區域；外面那圈則是我們也能利用的周邊視覺，只要我們選擇去用它。

閱讀時的小叮嚀

- ⊙如果你能夠結合周邊視覺與中央聚焦區，就能同時看到整段文字及整頁文字，並且從中吸收資訊。
- ⊙閱讀時可以將課本拿得比平常遠一點，來擴大你的周邊視覺。這會讓你的周邊視覺發揮更好的效果。
- ⊙中央聚焦區是一行一行地接收訊息，周邊視覺卻能回顧你之前讀過的東西，並且評估接下來要讀的東西的價值。
- ⊙這麼做也減輕了眼睛的壓力，因為眼睛的肌肉不再需要繃得那麼緊。

> 請記得：是你的大腦在閱讀——你的眼睛只是構造非常複雜的光學鏡片，大腦拿來閱讀的工具。

3個重要的「導引閱讀」技術

翻開這本書（或任何一本書）任一頁，只看一秒鐘。你認為你稍後還認得出這一頁嗎？答案是：「是的」。如果你懷疑這說法的正確性，想想看，當你在路上、在火車站或在任何一個你可以同時看到許多不同影像的地方，你的眼睛接收到多少資訊，而你的大腦竟然可以在片刻間就全記起來。相較之下，一個頁面包含的圖像少得多。

接下來要介紹3個重要的閱讀方法，是專為強化你的閱讀眼力而設計的。

首先用非常快的閱讀速度練習每一個方法——不要暫停或擔心自己到底有沒有讀懂你在讀的東西。

接下來用正常速度練習每個技巧。

這麼做，會讓你的大腦漸漸習慣較快的閱讀速度。（你可以考慮一開始先重新讀一些你熟悉的內容，以便你能複習你已經知道的東西，並且讓大腦「暖機」，準備面對接下來的挑戰。）

1.**雙行掃視**是讓你的眼睛在頁面上一次讀兩行。這個技術結合了縱向及水平的視覺（學音樂的人常用的技巧）。

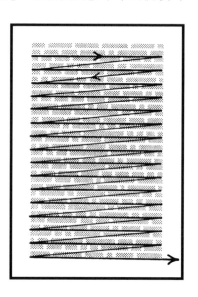

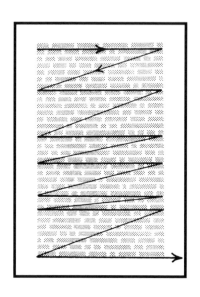

2.**不定行數掃視**和雙行掃視類似，但容許你一次閱讀你能接受的行數。

3. **反向掃視**和前兩者精神相同，但有個重要的差異：你改變目光行進的方向，反向閱讀每段文字。這聽起來可能很荒謬，但如果你還記得，只有當視線固定在文字上眼睛才能接收資訊，而我們的眼睛能一次看5或6個字，那麼這就說得通了。

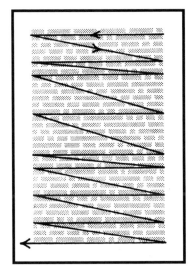

在倒著閱讀時，你只不過是將心中已有的所有資訊「暫存」起來，直到你在一行文字最前端接收到拼圖的最後一片。這技巧的好處是，你可以一面閱讀文章一面回顧。這樣做能加快你的閱讀速度，並且增進你的專注力與理解力。

以上這些「掃視」技巧可以用來
◉ 預覽資訊
◉ 瀏覽資訊
◉ 掃瞄資訊

而且你可以自己選擇一次要讀幾行。你還可以縮短（減少行數）或增長（增加行數）你的掃視範圍，或者結合一個以上的技術。這在BOST®的預備及概觀部分特別有用。

提升你的速讀功力

現在就來探索及增進你的：

1. 專注力。

2. 掃瞄及瀏覽資料的能力。

3. 利用環境影響力來增進學習效率的能力。

增進專注力

根據我在世界各地教學與演講的經驗，我發現大多數人都曾經因為時常無法集中注意力而苦惱。許多人表示，他們不只沒辦法專心投入手邊的工作，而且還會作白日夢。事實上這是好事，並且是完全正常的現象。白日夢每幾分鐘就會自然發生，這是你大腦暫停閱讀以便吸收所學的方法。

仔細想想，其實你並不是真的失去專注力，只是選擇把注意力集中在讓你感興趣的其他事物上罷了：椅子上的貓、手機鈴聲、收音機裡的一段音樂、街上的某個行人——這只是幾個可能讓你分神事物的例子。

> 問題不在你的專注力，問題在你的專注力集中的方向及對象。

當你掌握到專注的藝術後，你的整個「眼睛－大腦系統」就會變得像雷射一樣精準，並且擁有集中注意力以吸收資訊的超強能力。

專注力差的原因

1.字彙不足

　　有效率而且專注的速讀，有賴於資訊能夠順暢流動，以及理解過程不被打斷。停下來查字典或思考字詞的意義會破壞你的專注力，並且減慢你對整篇文章的理解。如果你在閱讀時碰到一個你不認識的字，不要馬上去查出來，在字下面畫條線，之後再找時間去查字典。

2.觀念無法理解

　　如果你並不是真的了解你所讀的概念，就很難繼續集中注意力。要越過這個障礙，你可以選擇採用74頁三個導引閱讀技術其中一個，並且運用瀏覽與掃瞄的技巧，多次閱讀那段材料，直到你開始熟悉為止。

3.不適當的閱讀速度

　　許多人相信（因為別人是這麼教他），慢慢讀而且仔細讀會讓你更了解及理解所讀的內容。這個做法事實上會帶來反效果，而且讀得慢不但對大腦的運作沒有幫助，還會讓大腦的動作慢下來。要驗證這點，請試著完全照下面這段陳述的呈現來讀。慢慢地讀，仔細地讀：

研　究發　現，快　速閱讀　比　慢速閱　讀更　能幫　助你理解一　段文字

　　或許你會覺得讀起來很辛苦，因為你的大腦並不習慣用這麼慢的節奏來接收資訊。如果你快速瀏覽，這些字馬上變得有

意義。現在讀下面這個句子，這次，請按照這些字所形成的字串來讀：

研究發現　當我們　用合宜的方式　將資訊安排成　有意義的字串　人們的大腦　在眼睛的幫助下　就可以　非常容易地接收訊息。

閱讀速度增快，也會提高你的理解力。當你運用本書介紹的速讀技術，你的大腦將會發展出一面讀一面將文字組織成有意義字串的能力。

> 慢慢讀、仔細讀，會讓大腦的閱讀速度變得越來越慢，理解的程度也越來越低。

4. 分心

專注力的另一個主要敵人是：容許你的心思持續放在其他事物上，而不是擺在你正從事的工作上。舉例來說，為準備明天早上的小組演習課，你可能需要讀完一份重要的參考文獻，但是你的心思卻不斷飄移到其他地方，想到你的女朋女、你和室友的爭執、金錢上的顧慮，以及明天要去欣賞的爵士樂演奏會。

如果你發現自己越來越容易分心，你可能需要重新將注意力擺在你想達成的目標上，以便「甩掉」將你拉往別處的思緒。你甚至可以考慮停個一分鐘，為你目前的目標畫一張心智圖，來幫助自己再度集中思緒。

5.缺少計畫

　　坐下來讀點東西，有時候感覺上就像在經歷一場天人交戰。開始讀書後，讓人分心的事就來了：你缺鉛筆、咖啡、報紙或眼鏡……持續的分心會讓你很難找回重新開始的動機。解答很簡單：事先計畫，以確保你需要的每樣東西都在手邊，為自己設定目標，並且把你的休息安排在工作完成之際。

6.缺乏興趣

　　缺乏興趣通常會和其他的困難牽扯在一起，例如難懂的內容、專業詞彙的欠缺、優先次序的衝突、消極的態度，以及前面提到的幾樣妨礙專注力的障礙。我們可以考慮先嘗試解決這些相關問題，如果還是沒效的話，再來運用「嚴苛批評」的策略。

　　讓你的閱讀材料激怒你。如此一來你閱讀時就會很進入情況，好像是在和某個意見相左的人辯論。

7.缺乏動機

　　缺乏動機和欠缺目標有關。如果你不知道為什麼要讀一份學習材料，那麼你就很難讓自己有動機去好好讀它。

　　回顧你的目標。這話誰都會說，但是一旦你真的很清楚自己為什麼需要吸收那些資訊，你就更有機會完成工作。利用組織及個人的興趣來幫助自己重新認定工作目標，並且運用你最喜歡的導引閱讀技術來確保你能盡快完成工作，而且得到最佳的回饋。

使用掃瞄與瀏覽

「掃瞄」與「瀏覽」是用來搭配你剛學會的導引閱讀技術的兩項重要技巧，它們特別強調的是：你的大腦有自動預先選擇資訊的能力（你的心向〔mental set〕）。

掃瞄是你天生就會的技巧。在群眾中尋找一張你認識的臉，或者在道路指標上查看與你有關的指示時，就會用到。當你的眼睛掃過一大片材料來尋找某個特定資訊時，你就是在運用掃瞄技巧。以文字閱讀為例，通常是你需要在一本書或課堂筆記中尋找特定資訊，或在一個網頁上尋找相關連結的時候。

只要你事先知道要找什麼，也知道書中的資訊是如何組織起來（例如是照字母次序或按主題編排），這個技術就很容易執行。如果你想尋找特定的資訊，請使用掃瞄。

瀏覽是個比掃瞄更複雜的方法，就類似我們之前介紹的「導引閱讀技巧」。我們可以藉由瀏覽來對資訊有個概觀，以便了解「房屋的結構」，也就是內容的框架，而不是各個房間的細節與家具的擺置。

有效率的瀏覽可以用每分鐘1000個英文字，甚至更快的速度進行，讀者卻仍然能基本掌握住所讀的內容輪廓。如果你想對閱讀材料有個概觀，就使用瀏覽。

閱讀環境的影響

毫無疑問的：

⦿閱讀環境——姿勢和讀書地點——將會影響你的學習成果。

◎對身體狀況的感覺良好與否，會影響你吸收資訊的能力。

如果你覺得心情不好或身體不適，或者你的讀書空間狹小或零亂，你的身心狀況就會對讀書效果產生負面影響。相反地，如果你有個舒服的閱讀環境，而且內在的身心狀況也令你滿意，你的閱讀態度就會很積極，新資訊的理解程度也會提高。因此，好好安排你的閱讀環境，盡可能讓環境對學習產生正面、有助益的影響。

閱讀地點及光線強度

可能的話，最好利用自然光讀書。事實上，最近的一份研究顯示，讓自己暴露在自然光下能讓大腦釋放出更多「好心情」荷爾蒙，所以你的書桌或桌面最好放在靠近窗戶的地方。在沒有自然光的時候，人造光應該從你肩膀的左後方（若你是左撇子，則是右後方）照下來，燈光應該充足到能照亮你的閱讀材料，但不要讓燈光亮到和房間其他地方形成強烈對比。如果你需要使用桌上型或筆記型電腦，電腦螢幕應該面向光源。

所有的學習材料都在手邊

要確保你能舒適且專注地運用大腦，最好將所有可能用到的學習材料與參考書都放在隨手可及的地方。這會讓你有一種已經做好準備的放鬆感，讓你更能專注在學習上。

桌椅的高度

讓自己過於舒適會妨礙學習效果，因為你會容易睡著而不

是專心讀書！理想狀況是，你的椅子是直立的，有個筆直的椅背，椅子的材質不過硬，也不過軟。旋轉椅及辦公椅特別能舒適地支撐你的身體，確保你有良好的坐姿。椅子的高度應該可以調整，好讓你的大腿與地板平行，因為如此一來你的坐骨可以支撐身體的重量。書桌應該比椅子的座位高大約20公分。「跪坐椅」或「坐姿調整椅」是非常適合讀書的工具，因為它們能幫助你培養正確的坐姿。

眼睛與閱讀材料的距離

閱讀材料與眼睛的適當距離是大約50公分。這會讓你的眼睛更容易把焦點放在字群上，減少眼肌緊繃或頭痛發生的機會。

你的坐姿

理想的坐姿是：兩個腳掌平踩在地板上，背部挺直，背部略彎的弧線得到適當支撐。坐得太「僵直」或癱坐在椅子上，都會讓你很快感到疲累，而且也會讓你的背部緊繃。試著把書拿起來讀，或者把書放在輔助閱讀器上，讓書稍微直立起來，而不是平放在桌面。

正確的坐姿可以帶來以下有助於學習的「生理好處」：

- 你的大腦接收到最多的空氣與血液流量，因為你的氣管、靜脈及動脈都在不受拘限的狀況下運作。
- 順著你脊椎往上流的能量能達到最大值，也讓你的大腦功能發揮到最強。
- 如果你的身體處在警覺狀態，你的大腦就知道你正在做一件重要的事（相反地，如果你整個人癱坐在椅子上，

你就是在告訴大腦：是該睡覺的時候了！）

◉眼睛可以將你的中央視覺與周邊視覺發揮到極致。

找出你的最佳讀書時間

我們的專注力都有高峰與低谷，而且我們很可能會發現，每個人最適合讀書或專心做事的時段各不相同。有些人是雲雀，最佳的工作時間是早上5點到9點；有些人是貓頭鷹，在晚上或夜裡讀書效率最高；另一些人則發現，午前或午後這兩段時間最適合他們，雖然飯前或飯後的時間分別會有飢腸轆轆及昏昏欲睡的問題來干擾他們的專注力。有可能你並不知道自己的最佳學習時段，所以你可以嘗試在不同時段工作，看看哪一段時間的工作效率最高；這也許會大幅提高你的學習專注力。

盡量避免閱讀被打斷

閱讀時盡量避免被外在事物打斷，這件事就和閱讀時盡量減少停頓一樣重要。外在事物會打斷閱讀，例如接聽電話或東摸西摸（比方說，不必要的休息），是專注與聚焦的敵人。同理，如果你心中懸念著私人事務，或是身體不適，你對其他事物的關注就會降低閱讀專注力與理解力。

所以，把你的電話設定成答錄模式，放一些能幫助你集中注意力的音樂，讓周遭沒有容易讓你分心或誘惑你的事物。（如果你不需要用電腦就關掉，這樣你就不會被誘惑上網。）

主宰你的詞彙

詞彙很重要，原因很多。詞彙懂得多的人，在學習上可以掌握很大的優勢。

　　大部分的人有一種以上的詞彙，一般來說，我們至少會有三種詞彙：

　　⊙交談時使用的詞彙。

　　⊙書寫時使用的詞彙。

　　⊙我們認得的詞彙。

你知道嗎？

⊙一般人說話時使用的英文字彙大約有1000字。

⊙可供人們使用的英文字彙超過300萬字。

⊙增加詞彙可以提高智能。

　　我們與人交談時使用的英文字彙頂多1000個；寫作時使用的詞彙則比較多，因為在考慮怎麼下筆時，我們會比較注意用詞及語句的結構；但是，三者中最多的是我們所認得的詞彙。我們認得的字，比我們會使用的字多得多。

　　理論上我們在交談時使用的詞彙應該和我們認得的詞彙一樣多，但事實上這樣的情形相當罕見。不過，同時大幅增加這三類詞彙是可能的，因此也能大幅增進你的速讀功力。

　　接下來的三個章節要探討的是英文字首、字尾與字根的文字威力。掌握它們，是增進你的語言能力與英文字彙的捷徑。

字首的威力

　　字首是出現在英文字的開頭、能改變一個字的意義的字母、音節或單字。只要學習一些字首，就可以大幅增進你的詞彙。有許多字首和立場、反立場及動作有關。字首是帶有威力

的迷你字。

　　下面列出幾個最常見的字首；在一本標準案頭字典中，有超過14000個字是以這些字首起頭。

　　如果你能記住這些字首，並且使用（把它們加到一個字的最前端），你可以立即增加至少10000個字到你的字彙庫中。從現在開始，在閱讀時請特別留意這些字首的出現。

包含重要字首的英文字

字	字首	一般意義	字根	一般意義
precept（戒律）	pre-	在……之前	capere	拿，抓住
detain（拘留）	de-	離開，往下	tenere	握住，有
intermittent（間歇的）	inter-	在……之間在……之中	mittere	傳送
offer（提供）	ob-	反對	ferre	承受，背負
insist（堅持）	in-	進入	stare	站立
monograph（專題論文）	mono-	單獨，一個	graphein	寫
epilogue（結語）	epi-	在……上面	logos	話語，……的學習
advance（前進）	ad-	到，朝向	specere	看
uncomplicated（不複雜）	un-com-	不在一起同在	plicare	折起
non-extended（不展延）	non-ex-	不出去，之外	tender	伸張
reproduction（再生）	re-pro-	回來，再次前進，為了	ducere	引導

indisposed （不願意）	in- dis-	不 分開，不	*ponere*	放下，置於
over-sufficient （過於充分）	over- sub-	在上面 在下面	*facere*	做，成
mistranscribe （錯誤抄錄）	mis- trans-	錯 穿越，之外	*scribere*	寫

「察言觀色」字彙練習──字首篇

　　從下列6個字中選出5個填入下列語句的空白處，讓它們成為正確的句子：

Examinations　Reviewing　Comprehension

Prepare　Depress　Progress

　　1. In order to be ready for a meeting or other event it is a always best to ＿＿＿＿＿ in advance.（要讓自己信心十足地參加會議或類似活動，你最好事先＿＿＿＿＿。）

　　2. ＿＿＿＿＿ what you have learned will help to consolidate the associations in your memory.（＿＿＿＿＿你已經學過的東西，能幫助你牢牢記住。）

　　3. Negative thoughts ＿＿＿＿＿ the brain and inhibit your ability to remember effectively.（負面的思想會讓大腦＿＿＿＿＿，並且阻礙你以高效率記下所學內容的能力。）

　　4. Speed reading improves reading efficiency as well as ＿＿＿＿＿.（速讀能增加你的閱讀效率及＿＿＿＿＿。）

　　5. Preparing for ＿＿＿＿＿ needn't be daunting if you use speed reading and Mind Maps as your memory tools.（如果你使用

速讀及心智圖做為協助你記憶的工具，那麼準備＿＿＿＿＿就不再會令你卻步。）

現在請翻到第172頁看解答。

14個字尾

G=Greek（希臘文）, L=Latin（拉丁文）, F=French（法文）, E=English（英文）

字尾	意義	例子
-able, -ible (L)	能夠，適合	durable（耐用的） comprehensible（可被理解的）
-al, -ail (L)	與……有關	abdominal（腹部的）
-ance, -ence	讓……性質成立的動作	insurance,（保險） corpulence,（肥胖）
-ant (L)	（形容詞）有……性質 （名詞）製造出……效果的人或物	defiant（反抗的） servant（僕人）
-action, -ition (L)	動作或狀態	condition（條件） dilapidation（荒廢）
-er (L)	屬於……的人或物	farmer（農夫） New Yorker（紐約客）
-ism (L)	……的教義或主義	realism（現／寫實主義） socialism（社會主義）
-ive (L)	有……的性質	creative（有創造力的） receptive（有接收力的）
-ize, -ise (G)	像……一樣地做事、練習、行動	modernize（現代化） advertise（廣告）
-logy (G)	意指某一領域的知識	biology（生物學） psychology（心理學）

-ly (G)	有某種狀態或動作的特性	softly（輕柔地） quickly（快速地）
-or (L)	一個做某動作的人或物	victor（征服者） generator（發電機）
-ous, -ose (L)	充滿……的	murderous（蓄意謀殺的） anxious（焦慮的） officious（好管閒事的）， morose（陰沉的）
-some	……般的	gladsome（愉快的）
-y (E)	情況	difficulty（困難）

字尾的威力

　　字尾是出現在英文字的結尾，能改變一個字意的字母、音節或單字。字尾通常和某樣東西的特徵或性質有關，或者是用來改變一個字的詞性（比方說，從形容詞轉變成動詞。）

「察言觀色」字彙練習──字尾篇

　　從下列6個字中選出5個填入下列語句的空白處，讓它們成為正確的句子：

Minimal　　Winsome　　Psychology

Vociferous　　Hedonism　　Practitioner

　　1. A＿＿＿＿＿ is one who works in a certain field, such as medicine.（＿＿＿＿＿是在某個領域，比方說醫學，執業的人。）

　　2. The doctrine of pursuing pleasure as the highest good is known as ＿＿＿＿＿.（把追求快樂當成最高德行的教義，稱為＿＿＿＿＿。）

3. A charge for something which relates to the lowest or smallest price is＿＿＿＿.（與最低或最小價格有關的消費金額，叫做＿＿＿＿消費。）

4. People who speak loudly and often are＿＿＿＿.（說話大聲而且不時如此的人是＿＿＿＿。）

5. The branch of knowledge that deals with the human mind and its functioning is known as＿＿＿＿.（研究人類心智及其運作的學科稱作＿＿＿＿。）

現在請翻到第172頁看解答。

字根A到Z

這是最後一個將重點擺在擴充詞彙的章節。下面列了現代英文中常用的14個拉丁文及希臘文字根。

14個字根

字根	意義	例子
aer	空氣	aerate（接觸空氣）, aeroplane（飛機）
am（源自 amare）	愛	amorous（多情的）, amateur（業餘）, amiable（親切的）
chron	時間	chronology（編年史）, chronic（慢性的）
dic, dict	說，講	dictate（口述）
equi	相等	equidistant（等距的）
graph	寫	calligraphy（書法）, graphology（筆跡學）, telegraph（電報）
luc（源自 *lux*）	光	elucidate（闡明）

pot, poss, poten（源自 *ponerte*）	能夠	potential（潛力），possible（可能）
quaerere	問，尋求	question（問題），inquiry（詢問），query（質問）
sent, sens（源自 *sentire*）	感覺	sensitive（敏感），sentient（有感覺的）
soph	智慧	philosopher（哲學家）
spect（源自 *spicere*）	看	introspective（內省的），inspect（檢查）
spir（源自 *spirare*）	呼吸	inspiration（靈感）
vid, vis（源自 *videre*）	看	supervisor（監督人），vision（視覺），provident（有先見之明）

「察言觀色」字彙練習——字根篇

從下列 6 個字中選出 5 個填入下列語句的空白處，讓它們成為正確的句子：

**Aerodynamics　Equinox　Egocentric
Querulous　Chronometer　Amiable**

1. A person who is quarrelsome and discontented, and who complains in a questioning manner is ＿＿＿＿.（愛爭吵、不滿足，老是用質疑的態度來抱怨的人是 ＿＿＿＿。）

2. A person who is friendly and lovable is often described as ＿＿＿＿.（友善又可親的人通常被描述成 ＿＿＿＿。）

3. The ＿＿＿＿ is that time of year when both day and night are of equal length.（＿＿＿＿ 是一年當中白天與夜晚等長的那一天。）

4. An instrument that finely measures time is a ＿＿＿＿＿＿＿.（能精準測量時間的儀器叫做＿＿＿＿＿＿。）

5. The science which deals with the forces exerted by air and by gaseous fluids is ＿＿＿＿＿＿＿.（探討空氣及氣態流體的動力學現象的科學叫做＿＿＿＿＿＿。）

現在請翻到第172頁看解答。

如何運用字首、字尾及字根

你第一次看到前面三個表時，可能會對其中許多字感到陌生，認識這些字的過程也可能讓你氣餒。為了讓你更熟悉那些字，並讓它們成為你日常生活中可以使用的字彙，我願意在此提供一些小祕方：

⊙ 翻閱一本好字典，讓自己熟悉字尾、字首及字根的各種使用方法。

⊙ 記下讓你印象特別深刻，而且有可能在生活中真正使用的關鍵字或片語。

⊙ 立志每天增加1個新字到你的字彙庫裡。新字，就和任何資訊一樣，必須在一段不算短的時間中反覆使用5次，才能變成你的永久記憶。

⊙ 與人交談時，留心聽一些你可以加進那逐漸擴大的字彙庫裡的有趣新字——拿出筆把你聽到的字記下來，不要感到不好意思。

⊙ 在心裡提醒自己，研讀教材時不懂的字彙，之後一定要查出來；不過要先等到你讀完那一章、那個段落或那篇論文。不要因此打斷你的學習過程。

如果你刻意每天為自己的字彙庫增加一些字或詞，那麼你的整體智能及一般的領悟力與理解力也會跟著增進。

同時，你的速讀功力也會加速增進，因為你越來越善於找出關鍵詞及關鍵概念，了解所讀的內容也越來越覺得不成問題。

除此之外，在閱讀時你不再動不動就回讀或重讀之前讀過的材料，因為你很有信心，知道自己已經有夠多的詞彙足以對事物有整體了解。

下一章預告

你現在已經有成為超快速學習者的本錢了。在下一章，你將學習如何把速讀的內容記憶起來。

5

增強記憶術

你記住事實與數字的功力如何？你會不會擔心自己在考試時因為壓力過大而想不起讀過的東西？這一章提供你簡單易學的記憶技術與練習，幫助你發展馬力超強的記憶力，並且透過記憶增強法——心智圖法，幫助你克服容易忘記資訊的問題。

我們已經在第1章談過，數據與資訊如何被大腦接收，並以許多不同的方式儲存，然後由左右兩側的大腦來處理：

- ⊙右腦：處理關於節奏、想像、白日夢、顏色、維度、空間感及完整性的資訊。
- ⊙左腦：處理和邏輯、文字、項目、數字、序列、線條及分析有關的資訊。

再複習一下，我們還知道你左右兩側的大腦並非分開運作，它們必須協力工作，才能發揮最大的功效。你越能同時刺激左右兩側的大腦，它們就越能合作，來幫助你思考得更好、記得更多、回憶得更快。

幫助你的大腦學習

記憶系統就像一個超大容量的檔案儲放櫃，裡面裝了你整個人生各個方面的檔案。要快速且輕易地從儲放櫃中找到資訊，唯一的方法就是確保它：

- ⊙很有組織
- ⊙能被找到

這表示不論你想擷取的記憶多麼模糊，你都知道它歸屬哪

個類別，並且能輕易找到。

想要適當地將資訊歸類，並儲存在檔案儲放櫃（也就是你的記憶裡），有件事很重要：了解大腦和記憶在學習過程中如何運作。

研究顯示，大腦對一開始及最後的資訊最有印象。在每一種情況下，我們都特別容易記住：

⦿在一開始

⦿在最後

發生的事（或是在這兩個階段所學的資訊）。前者稱為「初始效應（Primacy Effect）」，後者稱為「新近效應（Recency Effect）」。

我們還發現，我們比較容易記住：

⦿和記憶庫裡原有項目或思想有關聯的東西。

⦿與眾不同或唯一的東西——這些會勾起我們的想像。

你的大腦比較容易注意或回憶那些對

⦿感官：味覺、嗅覺、觸覺、聽覺或視覺

⦿特殊需要

特別有吸引力的東西。

你的大腦善於創造樣式和地圖，以及完成序列；這也就是為什麼收音機裡播放一首你熟悉的歌到一半斷掉時，你很可能會繼續將整首歌哼完；或是當一序列的段落被冠上1到6的標號，但卻漏了第3點，你會去把消失的第3點找出來。

你的大腦需要你幫忙，才能將你需要馬上就想起來的事

實、數字及其他重要參考資訊牢牢記在心裡。能用來幫助你記憶的事物，稱做「記憶提示物」（mnemonic）。

記憶術

記憶提示物可以是一個字、一幅圖像、一個組織系統或其他物件，能幫助你回想起一個詞、一個名字或一系列事實。mnemonic中m不發音，整個字的發音是nem-on-ic。這個字來自希臘文的mnemon，意思是「用心」。

我們當中大多數人在學生時代都使用過記憶術，即使當時我們並不知道自己在使用。學音樂的學生經常被教導用「Every Good Boy Deserves Favour.（每個好男孩都值得特別疼愛。）」來幫助他們記住高音譜線上的EGBDF幾個音。

我們許多人都學過這首詩「Thirty days hath September, April, June and November……（30天有九月、四月、六月及十一月）」來幫自己記住哪些月份有30天，哪些有31天（「Except for February, alone（單單除了二月）」）。這也是一個記憶提示物。

記憶術的運作原理是：刺激你的想像力，並利用文字及其他工具來幫助你的大腦做連結。

常見的錯誤觀念

- ⊙當人變老，通常會認為自己的記憶逐漸退去。這是個錯誤的看法。
- ⊙工作壓力大的人可能會發現，適時回想起資訊很困難，並且覺得自己已經不再有辦法將任何一件事物長記在心中。不過這主要的原因是，他沒給自己停下來思考的時

間，而且回想的方法也不對。

你的記憶其實非常有效率。但是，你回想事物的過程卻可能不如你所預期那麼有效率。你需要做的是：調整你儲存在大腦中資訊的提取方法。首先可以完成下面這個簡單的練習。

詞的回想練習

下面有一組單詞清單。請按照次序很快地將清單上每個詞讀一遍，接著翻到下一頁，盡可能將詞填入適當位置。除非你是記憶大師，否則不可能記住所有單詞，所以，盡你所能填入最多個詞就好。

接著，再讀一次完整的清單，一個詞一個詞地讀。為了確保你真的這麼做，用一張小卡片把每個讀過的詞遮起來。

完成後，翻回下一頁回答幾個問題，你就會知道記憶是如何運作的。

房子	繩索
地板	看
牆	莎士比亞
玻璃	戒指
屋頂	以及
樹	的
天空	那個
路	桌子
那個	筆
的	花
以及	疼痛
的	狗
以及	

現在盡你所能將單詞填入，要照原先的順序，不可偷看上一頁的表。

_____　　_____
_____　　_____
_____　　_____
_____　　_____
_____　　_____
_____　　_____
_____　　_____
_____　　_____
_____　　_____
_____　　_____
_____　　_____
_____　　_____

學習時的記憶

- 清單最前面的詞你記得幾個？
- 清單最後面的詞你記得幾個？
- 你記得任何一個重複出現的詞嗎？
- 清單中有沒有哪個詞在你的記憶中顯得突兀，和其他詞明顯不同？
- 清單中段的詞你現在記得幾個（之前寫的不算）？

幾乎每個做這個測驗的人，回想到的資訊都很類似：

◉ 清單最前面的詞，記得1到7個。

◉ 清單最後面的詞，記得1到2個。

◉ 大多記得重複出現的詞（那個、以及、的）。

◉ 記得突兀的詞或片語（莎士比亞）。

◉ 清單中段的詞相對上記得較少，甚至不記得半個。

為什麼會有這樣的類似性？這結果的模式讓我們知道**記憶**與**了解**的運作方式並不相同：雖然所有的詞你都了解，但並不是所有的詞你都記得。我們了解資訊的能力和幾個因素有關：

◉ 我們通常比較容易記得**前幾樣東西**及**最後幾樣東西**，而不容易記得**中間幾樣東西**。因此，我們會回想到較多在學習時段一開始及最後所學到的資訊。（參看第101頁上方那張圖的曲線。曲線一開始位置很高，然後一路下降，直到接著突起的三個高峰，在接近結尾又再次攀升。）

在「詞的回想」測驗中，「房子」與「狗」剛好出現在序列的一開始與尾端。

◉ 當我們以某種方式（例如利用押韻、重複或能訴諸感官的東西）讓一些事物彼此有**關聯性**或**連結**，就比較容易記住（參看第100頁圖中A、B、C三點）。

在這個測驗中，重複的詞包括「那個」、「的」、「以及」；有關聯性的詞包括：「莎士比亞」與「筆」；或是「房子」、「牆壁」與「屋頂」。

◉ 當東西特別醒目或獨特時，我們也比較容易記住。（參看第100頁圖中的O點。）

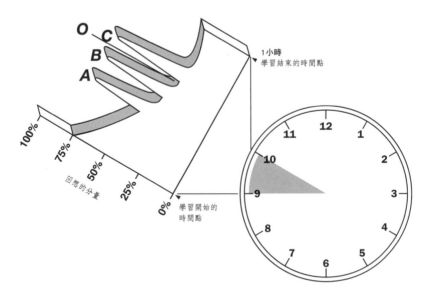

在學習時段內的回想。這張圖顯示，在學習時段一開始及最後，我們能回想到的東西最多。當東西相關聯或有連結（A、B、C），或東西特別醒目或獨特（O）時，我們也會回想得比較多。

研究發現，我們記憶及理解力最好的讀書時段，是在開始讀書後的**20到60分鐘**之間。讀書時段若短於這段時間，你的心智就沒有足夠的時間去吸收所學內容。

而且我們想必能體會以下這點：在學習一個單元時，卻發現在過了20到50分鐘後就很難繼續全神貫注並維持興致。

學習後的記憶

關於記憶與學習，最不為人知或最沒被注意的一個面向是：我們在剛學習完能回想起多少東西？

大部分人對於他們讀1小時書或上1小時課之後的記憶就是這麼認為（請參看右圖）。如果你請他們猜，他們也會正確地

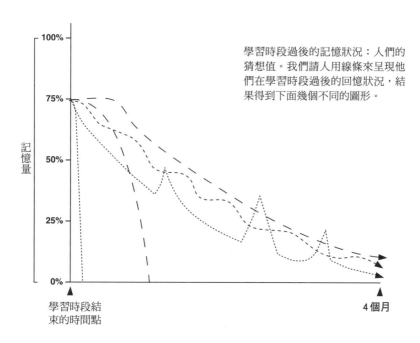

學習時段過後的記憶狀況：人們的猜想值。我們請人用線條來呈現他們在學習時段過後的回憶狀況，結果得到下面幾個不同的圖形。

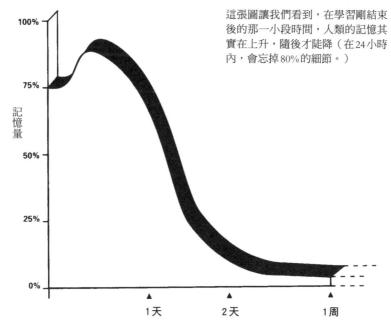

這張圖讓我們看到，在學習剛結束後的那一小段時間，人類的記憶其實在上升，隨後才陡降（在24小時內，會忘掉80%的細節。）

猜到：回憶會在5天之內急劇下降。但是，他們錯過的一個重點卻能改變一切。

記憶圖的曲線在學習剛完成時其實是上升的，資料在那段時間裡正在「理解中」：你的大腦需要時間去整合，去製作心智圖。你的大腦需要將你剛剛讀到的資訊與之前的資訊整合並結合——就是曲線呈現的狀況——如果你不做複習，那麼你記得的資訊量會在一天內劇降80%，而且也會忘掉你原本已經學起來的細節。你的記憶不但在下降，甚至會跌破谷底：你會記錯所學的資料，搞錯事件的先後次序，背錯化學反應式、字彙、數學公式，弄錯歷史年代，接下來你記錯東西，接下來你開始生氣，因為你已經感受到壓力，你開始討厭考試，於是你落入一個不斷向下轉的可怕漩渦。

但是，如果你在那一刻能夠及時複習，你的短期記憶就能維持下去，並與其他資訊產生連結，而且只要花5分鐘做簡單複習，學習後的記憶就能更新。聽起來不可能有這麼「好康的事」，但這是真的。

重複的價值

新資訊通常是先儲存在你的短期記憶中。要將資訊轉到長期記憶，需要反覆的演練與複習。一般而言，你需要重複一個動作至少5次，才能讓那資訊永久地移到你的長期記憶中；這個意思就是，你應該運用一種或一種以上的記憶技巧，來幫助自己有規律地複習你學過的東西。我建議在以下的時間點來回顧並重複你已經學過的內容：

⊙ 在剛學完的時候。
⊙ 在學會的1天後。

⊙ 在初次學會的 1 週後。

⊙ 在初次學會的 1 個月後。

⊙ 在初次學會的 3 到 6 個月後。

　　在每一個回憶時段，你不只是在複習你學過的資訊而已，你還會為自己添加新知識。你具有創意的想像力在長期記憶中扮演著重要角色，越去複習學過的資訊，就越能將它與你既有的資訊與知識連結在一起。回頭參看第 55 頁那張圖，足以說明這一切現象。

> 學得越多，記得越多。
>
> 記得越多，學得越多。

休息一下，還是繼續讀下去？

　　想像你已經決定要讀兩個小時的書，而前半小時的內容非常困難，不過你還是有一些進展。就在這個時間點，你發現你對內容的了解開始有起色，而且進展似乎越來越順、越來越快。你會拍拍自己的肩膀說「休息一下」嗎？還是會決定維持你剛找到的理想節奏，繼續讀一陣子，直到動力開始減弱？

　　被問及這個問題的人，大約有 90% 會選擇繼續讀下去。選擇休息的人當中只有少數會建議別人也跟他這麼做！然而，出乎大家意料的，最好的答案是休息！理由是，你的理解可能維持在高點，但是如果你的心智沒有得到該有的休息，你對理解的記憶就會越來越糟。重要的是：把學習時段拆成 20 到 50 分鐘

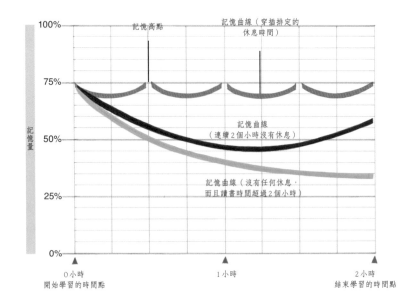

為單元，中間穿插短暫的休息。

上圖呈現兩個小時讀書時段中3種不同的記憶模式：

- 最上面的線包括3個短暫休息。曲線頂點是記憶量最高的時候。這條曲線上的高點比另外2條記憶曲線來得多，因為我們有4個「開始與結束」。整體而言，記憶量都維持在較高的位置。

- 中間那條線是學習期間不休息的記憶曲線。一開始及結尾呈現出記憶最高點，但是整體來說，記憶維持度已經遠低於75%。

- 最下方那條線呈現的是超過兩個小時沒有休息時的狀況。這個做法顯然事倍功半，因為記憶曲線持續下滑到低於50%。

- 所以，安排越多個適當間隔的短暫休息時間，就有越多

個開始與結尾，大腦就能記憶得更好。

◉短暫的休息對身心放鬆也很重要：一段時間全神貫注地讀書，無可避免會逐漸累積肌肉與心理緊張，而短暫的休息能適時讓它們放鬆。

學生因為考試在即而一連苦讀5小時，這種事應該成為過去式，因為理解和記憶並不是同一回事，許多結果一塌糊塗的考試可以為這點做見證。

休息本身也很重要，這有下列幾點理由：

1.讓身體得到生理上的休息，並給予放鬆的機會。這對你的學習有好處，而且能釋放你累積的壓力。

2.讓記憶與理解能「攜手合作」，製造最佳的學習效果。

3.提供一段短暫的時間，讓大腦為你剛學習到的資訊建立關係：內在整合。

在每個休息時段，你能從前一個學習時段直接回想到的知識量是在上升當中，而在你要開始進入下個學習時段時，剛好會達到最高峰。意思就是，你不僅因為讀書時段的長度適當而能記住較多資訊，還會因為有了休息時段而讓記憶量升得更高。

要更進一步提升效果，你還可以在每個學習時段開始與結束時，快速地複習一下你剛讀過的東西，並預覽即將要讀的內容。

我曾經花過好幾頁的篇幅解釋，決定每個學習時段的最佳長度及各時段要讀的分量，這動作不可或缺。但是請記得：決定要做得明快，通常會變成翻閱階段快完成時自動去執行的動

作。當你做了決定後，就可以做下一步步驟。

重要的記憶原則

想像與**聯想**是本章要介紹的所有記憶技術核心，也是 BOST® 學習法與心智圖的基石。你越能藉由文字、數字、圖像等重要的記憶工具，有效率地使用想像與聯想，你的心智與記憶就越強、運作得更有效率。

想像

越去刺激及使用想像力，就越能增強學習能力。這是因為你的想像沒有任何限制；它不受拘限，而且能刺激感官，進而刺激大腦。想像力不受限制，它會讓你對新經驗抱持更開放的態度，也比較不會故步自封、不願學習新事物。

聯想

記憶事物最有效的辦法就是把它想成一幅圖，將它與你原先就知道並且牢記在心的東西聯想在一起。如果你用圖像與你熟悉的東西聯想在一起，使它們具像化，這些圖像就彷彿被錨固定在某個地點，讓你可以非常輕易地記起那些資訊。聯想的運作模式：把資訊與其他的資訊（例如數字、符號、次序與樣式）連接或釘在一起。

我已經解釋過，想要讓大腦有效率地運作，需要同時使用你左右兩側的大腦。記憶的兩大基石剛好也是大腦兩大主要活動的結合，不過，這絕不只是巧合：

Imagination（想像）
Association（聯想）　兩者合起來 = Memory（記憶）

　　記憶能讓你能意識到你是誰，所以用來記住上述等式的恰當記憶提示物是

I AM

　　想像與聯想有「十大核心記憶原則」支持。這些原則能幫助你牢記一些事件，讓你在需要時比較容易回想起來。

十大核心記憶原則

要大幅增強記憶，並讓你能有效率地回想起資訊，你需要使用心智的每個層面。十大核心記憶原則的設計目的是：提升想像與聯想對你記憶衝擊的強度，而且盡可能激發你超凡腦力的各個層面來一起參與記憶工作。這些原則是：

1. 你的感官	6. 符號
2. 誇大	7. 次序與樣式
3. 節奏與動作	8. 吸引力
4. 顏色	9. 歡笑
5. 數字	10. 正向思考

它們帶來的衝擊強度變化，就好像是你不再使用平常的4.5伏特手電筒，而是使用1500燭光的聚光燈來照亮你回家的路。你將會發現，這世界比以前更明亮、更燦爛。

1.感官

當你越能看見、聽見、嚐到、聞到、觸摸或感受到你想記住的事物，你就越容易記在心裡，並能在需要時回想起來。

你所經驗的每件事、所學的每件事，以及喜歡做的每件事，都是透過感官傳到你的大腦。你的感覺包括：

視覺　聽覺　嗅覺

味覺　觸覺

空間感——與你的身體及身體動作有關

　　當你對感官所接收到的資訊越敏感，就越能記起那些資訊。

2.誇大

　　把事情誇大！想像的事物越荒誕越好！當你心中的圖像越誇張（在大小、形狀、聲音上），就越能記住。想想小孩子們最喜歡的人物：卡通怪物史瑞克、哈利波特中的巨人海格，都比平常人來得大，他們比電影中其他角色更容易活靈活現地出現在我們的心智之眼裡。

3.節奏與動作

　　動作能增加記住事物的機會。
- 讓圖像動起來。
- 讓圖像成為立體物件。
- 給圖像節奏。

　　事物的移動能幫助大腦「進入」那個事件中，並讓那一系列的資料變得更特別，也因此更容易記住。

4.顏色

　　顏色能讓記憶鮮活，使事件更容易記憶。可能的話，在你的想像、圖畫及筆記中盡量使用顏色，強化你的視覺感受，這樣你的大腦也會因為受到刺激而更能享

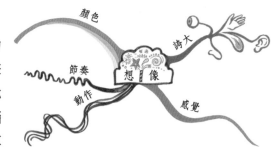

受這個視覺經驗。

5. 數字

　　數字對你的記憶有很大的影響力，因為它們為你的思想帶來次序。數字能讓記憶變得更準確。

6. 符號

　　符號是運用想像與誇大來定位記憶的精簡代碼。創造出某個符號來幫助記憶，就像是在創造商標。它會帶出一個故事，並且連接到一個比圖像本身更大的物件，成為那物件的代表。

7. 次序與樣式

　　搭配其他記憶技術的運用，將你的思想組織起來或為它們排定次序，這對增進記憶會有很大的幫助。你可以考慮用顏色、重量或大小將思想分組，或用高度、年紀或位置為東西排序。

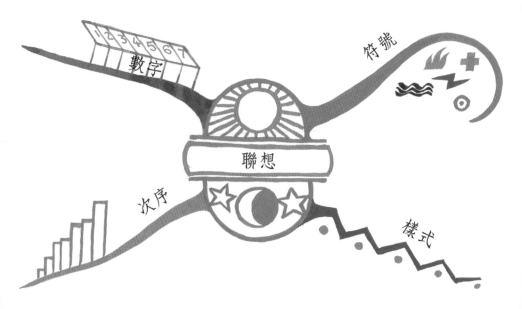

8.吸引力

我們知道自己喜歡看什麼，也知道當我們被某人或某樣東西吸引時是什麼感覺。你的心記住一個吸引你的圖像，會比記住一個不吸引你的圖像容易得多。運用你的想像力將一些吸引人的、正面的圖像與關聯納入記憶之中。

9.歡笑

我們的歡笑越多，就越樂於去思考我們想要記住的東西，也比較容易召喚出資訊來。使用幽默、荒唐的事，以及遊戲的心態，來強化你的記憶與回憶能力。

10.正向思考

通常，回憶正面的圖像與經驗會比回憶負面的東西來得容易，也令人愉快。因為你的大腦喜歡回想讓你覺得人生美好、經驗愉快的事物。負面的聯想與經驗比較會被阻擋或修正。做正向的思考，你的想像與聯想就會帶來更大的正向效果。

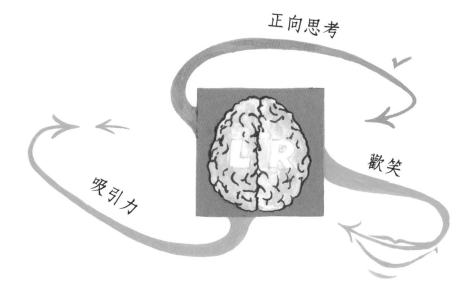

注意要點：關鍵詞與關鍵圖像

在第6、7兩章你將發現，使用關鍵詞與關鍵圖像以及畫心智圖，會讓你更容易記憶。在你的記憶中，它們會一個啟動另一個，這些啟動器就像掛鉤，你將學習如何把你想要記憶的項目都掛到這些掛鉤上。它們可以應用在下面兩個重要的記憶系統裡，而這兩個系統對你的學習成效都會大有助益。

幫助你學習的兩個重要記憶系統

1.「數字形狀」系統

⊙ 最適合用於短期記憶，幫助你記憶一些只需要記住幾小時的事物。

⊙ 每個數字都和你自己選定的圖像做固定對應。

數字形狀系統很簡單。你所要做的就是為1到10的每個數字想一個圖像。你可以參考下面的例子，但是因為我們每個人的想法都不相同，最適用你的圖像應該是你自己選擇與創造的圖像。在了解這個系統如何運作後，你可以按照自己的想像來修改關鍵詞與關鍵圖像。

每個關鍵圖像在視覺上都要能提示我們它所對應的是哪個數字。那個圖像應該要清楚且簡單：容易畫、容易掌握形狀，也容易記憶。下面的聯想清單是個經典範例：

1 油漆刷　　6 大象的鼻子

2 天鵝　　　7 懸崖

3 心臟　　　8 雪人

4 輕帆船　　9 棍子上的氣球

5 吊鉤　　　10 球棒與球

經過練習後，當你想到4時，你會自動在心裡看到一艘輕帆船的圖像；或者想到2時會看見一隻天鵝。

我們每個人都不同，所以這些數字在不同人心中會召喚出不同的圖像。給自己10分鐘的時間，想想看有沒有什麼東西可以用來取代上面的圖像，然後為每個數字選定一個對你而言最容易掌握的圖像。這些圖像將成為你的數字形狀系統的關鍵記憶圖像。

在下一頁的每個空格中填入數字，並且將你選擇用來代表那個數字的圖像畫在裡面。

⊙別擔心你的圖畫得「好」或「不好」。

⊙記得用顏色讓圖像生動活潑，增加它們在記憶中的強度。

⊙別忘了，你也可以利用誇大及動作來幫助記憶。

1.完成這項工作以後，把眼睛閉起來，從1唸到10，確定你已經把每個數字對應的圖像都記起來了。

2.接著從10唸回1，重複第一個動作。

3.練習隨機唸出一個數字並回想它的圖像，直到數字形狀的圖像聯想變成你的第二本能。

4.這裡的基本想法就是，這些圖像將逐漸取代這些數字，成為它們的同義詞。

5 一旦你覺得自己已經能立即想出每個數字形狀的圖像，那你就可以開始在學習情境中使用。只需將這些數字形狀圖像釘到其他字詞上，接著透過想像出關聯性來將兩者連繫在一起。

數字形狀系統的應用

看看下面清單列舉的項目：

1 交響樂

2 祈禱

3 西瓜

4 火山

5 摩托車

6 陽光

7 蘋果派

8 盛開的花

9 太空梭

10 麥田

◎在你的心智之眼裡，回想上一頁中你選擇用來代替數字
　1到10數字形狀的圖像。

⊙將關鍵圖像鉤在上述清單中的每個字上。

⊙接著創造出一幅想像的圖像，將每對鉤在一起的東西連結起來。

⊙這些聯想越誇張、越瘋狂、越多色彩越好，這樣能讓你更容易記起來。

舉例來說，我的數字形狀記憶配對表如下：

1 油漆刷	＋交響樂
2 天鵝	＋祈禱
3 心臟	＋西瓜
4 輕帆船	＋火山
5 吊鉤	＋摩托車
6 大象的鼻子	＋陽光
7 懸崖	＋蘋果派
8 雪人	＋盛開的花
9 棍子上的氣球	＋太空梭
10 球棒與球	＋麥田

其中的連結可以像這樣：

1 說到交響樂，你可以想像一個指揮家，熱情激昂地用一把油漆刷在指揮。

2 祈禱是抽象的詞，你可以用祈禱時的姿勢來代表。試著想像你的天鵝將兩隻翅膀像手一樣舉起來祈禱。

3 只要稍微用點想像力，西瓜就能轉換成一顆心臟形的水果，不斷跳動。

4 想像海裡有一座巨大火山，在你的輕帆船下方爆發出火

紅的岩漿。

　　5 想像一個非常沉重的吊鉤從天而降，把你和摩托車從路上勾起來。

　　6 想像大象的鼻子裡噴灑出陽光來。

　　7 你的懸崖可以是由蘋果派堆成的。

　　8 想像在春天，一個雪人從頭到腳長滿盛開的花。

　　9 想像一艘迷你太空梭衝進你棍子上的氣球裡，害它爆破。

　　10 想像你的球棒因為打中球而應聲脆裂，但那顆球卻直直飛越一片金黃色、隨風曳揚的麥田，讓你驚訝得合不攏嘴。

　　你知道我的意思了吧！

　　當你開始創造自己的次序以後，你才能體會到這個技術真的有用。不要只看我舉的例子，創造你自己的例子吧。你的聯想越荒謬、無厘頭、訴諸感官，就越能進入自己想像的情景裡。你越練習，那技術就會變得越容易，到最後就會變成你的第二本能。

2.數字韻腳系統

　　這套系統學起來很容易，基本運作原則與數字形狀系統類似。同樣適合用來記住數目不多、只需短時間記憶的項目。

　　數字韻腳系統和數字形狀系統唯一的差別在於，它是用「韻腳」而不是用「形狀」來當數字1到10的記憶啟動器。你選擇的詞必須能召喚出一個清楚且簡單的圖像，應該要容易畫、容易在視覺中呈現，而且容易記憶。

　　下列這些與數字韻腳相近的詞將幫助你跨出第一步。

　　1 圓麵包（one—bun）

2 鞋子（two—shoe）

3 樹（three—tree）

4 門（four—door）

5 蜂房（five—hive）

6 棍子（six—sticks）

7 天堂（seven—heaven）

8 溜冰（eight—skate）

9 葡萄樹（nine—vine）

10 母雞（ten—hen）

　　如果你想用與眾不同的圖像，運用你的想像力，另外找一些你記得起來的韻腳。

　　選擇你覺得容易記，並且容易與各個數字聯想在一起的詞，並將與它們對應的圖像畫進右頁的空格裡，用越多的顏色與想像越好。

　　◉為了替每個圖像創造出一個最清晰的心理圖案，你可以閉起雙眼，想像那幅圖像投影到你眼皮內側，或是你頭腦中的螢幕。

　　◉去聆聽、感覺、嗅聞，並且體驗你選擇的圖像。

　　當你完成這件事後，把眼睛閉起來，讓圖像從1到10出現在腦中，確保你記得每個韻腳對應的圖像。接著從10數回1，做同樣的事。

　　你練習越多遍，聯想與創意思考的功力就越高。

　　◉練習隨意回想這些數字，直到數字韻腳與圖像的聯結成為你的第二本能。

數字韻腳系統的應用

　　將你的數字韻腳關鍵詞與關鍵圖像記牢之後，就可以應用數字韻腳系統了。先從下面這份清單的物件開始：

　　1 桌子

　　2 羽毛

　　3 貓

　　4 葉子

　　5 學生

　　6 柳丁

　　7 汽車

　　8 鉛筆

　　9 襯衫

　　10 撥火棒

　　回想各個數字的代表圖像，你會發現數字韻腳記憶配對表變成：

1 **圓麵包**	＋ 桌子
2 **鞋子**	＋ 羽毛
3 **樹**	＋ 貓
4 **門**	＋ 葉子
5 **蜂房**	＋ 學生
6 **棍子**	＋ 柳丁
7 **天堂**	＋ 汽車
8 **溜冰**	＋ 鉛筆
9 **葡萄樹**	＋ 襯衫
10 **母雞**	＋ 撥火棒

　　粗體字是關鍵記憶詞。它們是你的記憶啟動器，不會因為你所要記憶的東西不同而改變。

　　你可以使用想像與聯想來創造兩個詞之間的關聯性，比方說：

　　1 想像一個巨大的**圓麵包**壓在一張易碎的桌子上，那張桌子即將因麵包的重量而被壓垮。聞聞那新鮮的麵包香，嚐嚐你最愛吃的麵包。

　　2 想像你最喜歡穿的**鞋子**裡面長出一根超大的羽毛，讓你的腳伸不進鞋裡，那根羽毛還讓你的腳底癢癢的。

　　3 想像你養的貓或你認識的貓，被困在一棵大**樹**最頂端的樹枝上，驚惶地往上爬，並且大聲喵喵叫。

　　4 想像你臥室的**門**是一片巨大的樹葉，你每次開門，它就嘎吱嘎吱響或沙沙作響。

　　5 想像一個學生坐在書桌前，穿著黃黑相間的條紋衣，發出嗡嗡聲，正忙碌地在處理**蜂房**裡的一堆事情，或者有蜂蜜不

時滴在他的書頁上。

6 想像一顆和海灘球一樣大的多汁柳丁，它的表皮被幾根粗大的棍子刺穿。去感覺或去聞那噴出來的果汁的味道。

7 想像天堂裡的天使坐在汽車裡而不是坐在雲上。讓自己體驗一下開天堂汽車的感覺。

8 想像你自己在人行道上溜冰，一面聽輪子在地上滾動的聲音，一面看著裝在溜冰鞋上五顏六色的鉛筆，在你行經各處留下多彩炫爛的圖案。

9 想像一棵和傑克的豆藤一樣大的葡萄樹，但葡萄樹上沒有葉子，反倒是掛滿了顏色鮮豔的襯衫，隨風飄揚。

10 現在輪到你了……想像一隻母雞，和一支撥火棒……

檢查一下，上述字詞與圖像的聯想是否都強而有力、正面、簡單而清楚？確保這樣的聯想對你適用。可以確定的是，每練習一次，你的技術就會快速進步，記憶力也將會遠高於常人。

這兩個重要的記憶系統會讓你的記憶力與回憶力宛如被渦輪增壓過，以超高倍數成長。它們是打破學習障礙的關鍵工具，可以排除你在為考試、證照、課程與其他學習做複習時碰到的障礙。事實上，這兩個概念將引導我們朝心智圖的發展方向前進。心智圖是經由圖像聯想形成的網絡，它將記憶理論的主要元素，以及左右腦各自的資訊處理功能都納在它的框架中，做最好的運用。

　　這是一幅記憶心智圖。心智圖能藉由畫出關鍵詞與關鍵圖像來增強你的記憶。你將在第6章見識心智圖的威力。

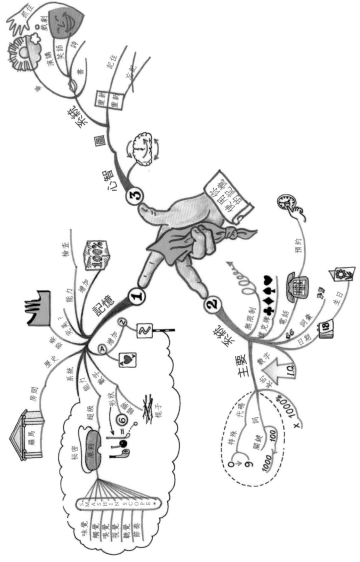

＊博贊在Master Your Memory一書中所介紹的12項記憶技巧，是Synesthesia and Sensuality, Movement, Association, Sexuality, Humour, Imagination, Number, Symbolism, Colour, Order, Positive Images, Exaggeration合起來的縮寫。

下一章預告

　　現在你已經知道關於學習的所有要點，也看到速讀法與記憶術能如何應用在BOST®學習技術上。在最後這兩章，我將帶你一步一步走過心智圖法的每個步驟，讓你學會一套真正融合各種技術，既完備又容易掌握的學習法。

6

心智圖法

歡迎進入心智圖的世界。心智圖是抄筆記、整理筆記、準備報告及考試的核心學習技巧，也是為你開創學習新局面的工具，能讓你的研讀與複習計畫變得更省時也更省力。

製作心智圖®是汲取你大腦中無限資源的一樣革命性工具。我在學生時代老是掌握不到有效做筆記的要訣，於是我就開始研發心智圖法，來做為幫助我學習與記憶的方法。把心智圖法當成學習技巧再適合不過了。它不只是視覺上的「備忘錄」，也是動態的、有機的複習工具，一個時間掌握器，以及記憶刺激器。

什麼是心智圖®？

心智圖是儲存與組織資訊，並為它們排定輕重次序（通常在紙上）的一幅網絡狀的圖。它會使用到一些關鍵的（或能引發聯想的）詞與圖像，來「激起」特定記憶，並且鼓勵人們發展新的想法與概念。心智圖中的每個記憶啟動器都是一把鑰匙，能打開事實、想法及資訊，並且能釋放出你奧妙心智的真正潛能。

心智圖之所以有效，在於它動態的形狀與樣式。心智圖是根據腦細胞的形狀與樣式來畫的，用意是要鼓勵你的大腦用快速、有效且與平常運作相仿的模式來運作。

每當看到一片葉子的葉脈或一棵樹的分枝，我們就會發現大自然所畫的「心智圖」與腦細胞的形狀有異曲同工之妙，這也反映出我們被創造並連結成為一個人的方式。就和我們一樣，這個自然世界一直在改變與再生，而且它的溝通結構看起來也與我們自己的類似。心智圖法是參酌了這些自然結構的運

作方式與效率而設計的一種自然思考工具。

　　心智圖特別適合用來幫助我們有效率地閱讀、複習、做筆記及準備考試。心智圖對蒐集及整理資訊而言是不可或缺的工具，而且還能讓你從下列地方找出一些關鍵詞與關鍵事實：

- 參考文獻、一般書籍、教科書、主要及次要原典。
- 演講內容、演習課、課程講義、研究文獻。
- 你自己的頭腦。

　　它們能幫助你有效率地管理資訊，增加你個人成功的機會。使用心智圖的學生通常會說，他們感到有自信，覺得能達成自己的目標，而且已經踏在通往成功的路上。

線性思考與全腦思考

　　因為我們用語句在說話及書寫，所以我們過去就一直以為觀念及資訊也應該要以線性或列清單的方式儲存。

　　說話時，我們被限制一次只能說一個字；同樣地，字在印刷上是以直線排列放進句子裡，有起頭、中間與末尾。這種對線性模式的強調延續到中小學、專科與大學，學生們被鼓勵用句子來寫筆記並以黑圓點列出項目。

　　這種做法的限制是，你可能需要花很長的時間才能抓住問題核心，而且在這過程中，你會說出、聽見或讀到許多對長期記憶而言並不是很重要的詞句。

　　我們現在知道大腦的運作是多維度的，它絕對有辦法（而且本來就是設計來）吸收非線性的資訊，而且大腦隨時都在觀賞照片、圖片，或在解釋每天出現在你周遭的圖像與環境。當你聆聽一連串說出來的句子時，大腦並不是一字一字、一句一

句地吸收資訊；大腦是整體地接收資訊，整理它、解釋它，並以許多方式將它回饋給你。全腦思考正是BOST®學習法的基本前提——請參看第3章與第7章。你聽到每個字，並且參酌你的既有知識及周遭的其他字詞來理解。你並不需要聽完所有語句才做出反應。關鍵詞是你這部多維度資料整理器——你的大腦——的重要「地標」或「記憶啟動器」。

關鍵詞與關鍵圖像

「關鍵」（key）這個詞加在「詞」或「圖像」前面，不只是表示「這很重要」，還表示這是一個「記憶之鑰」。關鍵詞或關鍵圖像是發展來當成非常重要的記憶啟動器，可以刺激你的心智，開啟你的記憶庫，並且從中擷取記憶。

關鍵詞是一個特殊的詞，被選來或設計來做為你想記起來的重要事物的獨特參考點。字詞會刺激你左側的大腦，而且在掌握記憶上扮演一個非常重要的角色。但是它們單獨使用時，功效卻不像你花時間畫出它們，並將它轉換成**關鍵圖像**那麼大。有效的關鍵圖像能同時刺激你的左右腦，並且與你所有的感官產生密切關聯。關鍵圖像是我的心智圖法和BOST學習法的核心工具。

這裡就有個關鍵詞與關鍵圖像如何增進記憶的簡單例子：

- ◉ 當你嘗試找一個圖像，來概括水及廢棄物處理的環保概念與缺水問題，你可以考慮選擇「水龍頭」。
- ◉ 做為關鍵詞，「水龍頭」能啟動你偏向分析層面的左腦記憶。
- ◉ 畫一個水龍頭，也許還有一滴水正要滴出來，你可以創造出一個關鍵圖像，它能激發你偏向視覺層面的右腦記

憶一起參與。

- 這張圖會變成視覺啟動器，不僅呈現那個字的字面意義，還會讓你想到水與廢棄物處理，以及與它相關的限水措施、漏水的水管，和對水庫水土保持的漠視。

這個詞本身不足以讓你回想起所有關於水資源的知識，因為它並不牽涉到你的整個大腦。這個詞擺在句子裡，也不會啟動你的所有經驗，因為句子只會表達它要表達的。但在另一方面，關鍵詞轉換成一幅畫出來的關鍵圖像的用意在於：同時利用左腦與右腦功能來連接。這個動作能讓你建立放射狀的連接，並且刺激你回想起完整的相關資訊。

下面還有另一個例子，能讓你知道大腦是如何將資訊鎖進一個關鍵詞中：

- 你打電話到語音時刻表查詢系統，想得知18:50從大學宿舍到你家所在城市的火車資訊。在自動語音系統還沒唸到你家所在地之前，你就已經得知當天晚上在沿途的一個城市，就是你學校那站的下一站有嚴重誤點。
- 你的大腦當下開始聯想：與回到溫暖的家或睡在舒服的床上有關的感覺；人群的聲音與月台的廣播聲；聞到及吃到一頓豐盛晚餐的感覺。這一切讓你開始衡量自己是不是要改搭公車，或者是在宿舍過夜，明天再搭早班火車回家。
- 你會有這種反應的原因是，「誤點」已經成為一個關鍵詞，在你還沒聽到關於你原先問題的任何特定資訊之前——語音系統的句子根本還沒講完——就在你腦中啟動了多面向的回應。

⊙回家仍然是你最主要的目標，但是嚴重誤點已經變成你現在的中心概念。

所以，關鍵詞及它們的情境是非常重要的記憶啟動器，而在你心中的心智網絡，是幫助你了解並解釋這些詞的最重要機制。

關鍵詞──砍去多餘的文字

我們很習慣說出及寫下語詞，以至於會以為，儲存及回想以文字表達的圖像與概念的最佳方式，就是使用一般的語句。事實上，學生們寫的筆記有超過90%的內容是多餘的，因為你的大腦天生就比較在乎能勾勒出整個圖像的關鍵詞。意思是：

○寫那些對記憶無益的筆記只是在浪費時間。

○重讀你根本不需要讀的文字只是在浪費時間。

○去尋找沒有被圈出來、以至於和全部資料混在一起的關鍵詞，時間是多花的。

○當關鍵詞彼此間的連接速度被中間插入的不重要字詞拖慢了，你又多花了一些時間。

○距離會減弱關鍵詞之間的關聯性。隔得越遠，關聯性就越弱。

大腦使用的語言

關鍵詞很關鍵，關鍵圖像也一樣。請記得，大腦的主要語言既不是口頭的話語，也不是書寫的文字。你的大腦是透過感

官來運作，主要工作是建立圖像、顏色、關鍵詞及概念之間的關聯性。簡言之：想像與聯想。兩者都與全腦活動有關，而且都是當你在做下列活動時會得到最大的刺激：

- 感官
- 誇大
- 節奏與動作
- 顏色
- 歡笑
- 圖畫與圖像
- 數字
- 文字
- 符號
- 次序
- 樣式

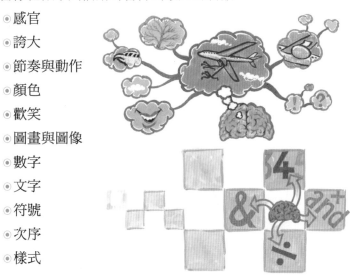

　　我們都會被給我們好感的人和討我們喜歡的事物吸引。為了讓心智圖也成為你喜歡看而且會不時回顧的東西，它必須：

- 正面呈現一件事或一個計畫。
- 能吸引你的視線。

　　一幅包括前述重要因子的心智圖，會鼓勵你的大腦為思想、恐懼、夢想及理想建立關聯性，將它們連結及連接起來，而且採用的方式比任何其他形式的筆記技術都還更有創意。心智圖還會在你的大腦中啟動一些聯想，幫助你把複習的重要概念全都連結起來，這比任何其他形式的「腦力激盪」都更快速，也更有創意。

心智圖比標準的筆記抄法來得好。它優於傳統筆記的地方在於：

- 中心思想定義得更清楚。

- 每個概念的相對重要性都掌握得很好。

- 越重要的概念可以在越靠近心智圖中心的地方找到。

- 一眼就能辨識出關鍵概念之間的連結——透過關鍵詞。這會鼓勵大腦去建立各想法與概念之間的關聯性，並且增進大腦的記憶能力。

- 資訊的複習既有效率又快速。

- 心智圖的結構很容易增添新概念。

- 每幅心智圖都是獨一無二的創作，能幫助你更精確地回憶。

放射思考（Radiant Thinking®）

要了解為什麼心智圖如此有效，你該先多了解一點大腦思考及記憶資訊的方式。就如我之前解釋過的，你的大腦並不是用線性、單調的方式在思考。它是從中央區的關鍵圖像與關鍵詞啟動器開始（參考第128頁的介紹），同時朝多方向思考：這就是我所謂的「放射思考」。就如這個詞字面意義的提示，思想像一棵樹的樹枝、一片葉子的葉脈，

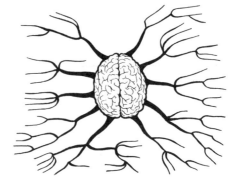

或人體中自心臟向外伸出的血管，向外放射出來。心智圖以同樣的方式，從中心概念開始向外**放射**出相關細節，這種模式非常類似大腦的運作。

記錄資訊的方式越能反映出大腦的自然運作模式，你的大腦就能越有效率地啟動記憶機制，回想起一些重要事實及個人回憶。要掌握我的意思，請試著做下面的練習。

放射思考練習1

大多數的人相信，大腦是用語言運作的模式在思考。我現在要請你到超大資料庫──你的大腦──裡找一項資料出來。我不會給你時間先去思考。等你找到資料後，請你考慮下面這些問題：

- 你找到的是什麼樣的資料？
- 你花了多少時間才找到它？
- 過程中有顏色出現嗎？
- 環繞著那項資料的聯想有哪些？

現在，這就是你要去找的資料：

香蕉

大部分的人都很熟悉香蕉長什麼樣子。你「聽到」這個詞時，可能會看到黃色、褐色或綠色──跟那根香蕉的熟度有關。你可能會看到那彎彎的形狀。伴隨著香蕉的圖像，你可能會聯想到水果沙拉、早餐玉米脆片或奶昔。這圖像應該是立即出現在你腦中，就像無中生有，你卻不可能花半點時間去注意「香蕉」這兩個字的字形。香蕉的圖像已經儲存在你的心智中，

你唯一需要的是啟動大腦釋出圖像。我們從這個練習學到的是，我們的思想真正牽涉到的是圖像，而不是文字。

　　這個小測試告訴我們，每一個人，不論性別、地位或國籍，都是用放射思考來將關鍵詞與關鍵圖像連結起來——且是即時地（參看下圖）。這是我們所有人思考的基礎，也是心智圖的基礎。**心智圖是設計來提升並增強你的放射思考過程。**

放射思考練習2

　　你現在要完成一個呈現「幸福」概念的迷你心智圖。在這個字的周圍，有空間讓你填上10個有關聯的關鍵詞。

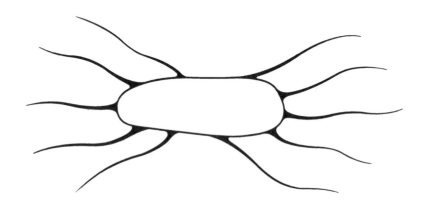

◉ 首先，畫一個中央圖像來呈現你心目中的「幸福」。

◉ 接著，盯著你用來代表「幸福」的圖像，看看你會（放射般地）聯想到哪些關鍵詞。將前10個關鍵詞填到從中央區邊緣伸出來的每一根分支上。

◉ 很重要的一件事是，把心中最直接想到的詞填上去，不論你覺得它們有多荒謬。不要封殺自己的想法，也不要

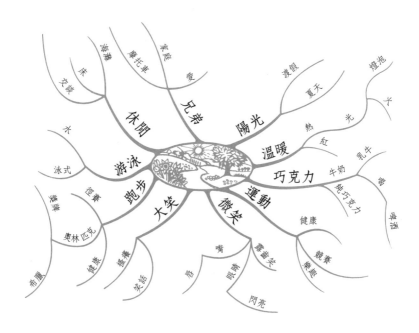

停下來慢慢想。

◎ 如果你很容易就想到超過10個字，就再自己增加分支來
容納。

◎ 完成後，拿你的結果和上圖比較，看看有哪些字是重複
的。

這個練習的用意是要告訴你，一旦大腦開始像「飛輪」越
轉越快聯想出關鍵字來，它就慢不下來了。就像在網路上追蹤
連結那樣，你會發現自己可以想出許多新連結。

如何準備畫心智圖

心智圖是在一張紙上呈現出你個人的思考旅程，就像任何

成功的旅程一樣，它需要有計畫才能成功。在還沒開始畫心智圖之前，第一步就是決定你的方向：

　　◉你的目標或願景是什麼？

　　◉對達成目標有幫助的次要目標與範疇是什麼？

　　◉你是在計畫一個學習專題嗎？

　　◉你是為了寫報告而在腦力激盪，以便得到好點子嗎？

　　◉你需要為下一堂課做筆記嗎？

　　◉你在規畫一整個學期的學習計畫嗎？

　　做這樣的決定是很重要，因為一幅成功的心智圖的正中央，需要有一個代表目標的核心圖像，而你的第一個步驟就是要在心智圖的中心畫一個圖像，來象徵成功的目標。

用圖像思考以及用顏色思考

　　「一幅圖勝過千言萬語。」這句諺語是對的。在某項實驗中，科學家以每秒鐘一張圖的速度讓一群人看600個圖像。圖片播放完後，那群人接受測試看看能否準確回想起看過的圖片，結果整群人平均有高達98%的正確率。人類的大腦覺得記憶圖像比記憶文字容易得多，這也就是為什麼心智圖正中央的關鍵概念是用圖像來呈現。在心智圖的其他部分使用圖像也很重要。要練習你的圖像聯想技巧，你可以回到「放射思考練習2」中關於「幸福」的例子。看看自己能不能只用圖像來重新創作整幅心智圖。

　　要確保你願意花時間去發展心智圖，讓它成為真正有用的工具，圖中央的圖像必須能讓你一看到時就感受到鼓舞，並且容易讓你集中注意力。因此，用顏色來思考，而且最好是用好

幾種顏色，不要只使用無聊的單一顏色。心智圖不需要畫得很漂亮或很有藝術感。當你創造出一個正向的視覺氣氛，那幅心智圖就會有自己的生命與能量，而且能幫助你維持專注力。當你的注意力能集中，你就相當於是一道強烈的電射光，準確地指向目標，而且威力無比強大。

基本分類概念

你現在需要架構你的心智圖。第一個步驟是決定你的BOI（Basic Ordering Ideas，基本分類概念）。BOI是你可以在上面吊掛所有相關概念的「掛鉤」（如同一本教科書各章的章名，能代表書中內容的主題）。BOI就是你思考的章名標題：能呈現出資訊最簡單也最明顯類別的詞或圖像。它們是會自動吸引你的大腦去產生最多聯想的字詞。

如果你不確定你的BOI該怎麼設，先問自己下列關於主要目標與願景的簡單問題：

- 要達到我的目標，需要什麼樣的知識？
- 如果這是一本書，它各章的標題會是什麼？
- 我有什麼特定標的？
- 在這領域中最重要的7個範疇是什麼？
- 下面這七個基本問題的答案是什麼：Why?（為什麼）What?（什麼）Where?（哪裡）Who?（是誰）How?（如何）Which?（哪一個）When?（何時）
- 有沒有一個更大、包含更廣的範疇，可以將前面那些範疇塞入其中，而得到一個更恰當、更好使用的心智圖？

舉例來說，一幅人生規畫的心智圖可能包括下列幾個有用

的個人BOI範疇：

個人歷史：過去、現在、未來
長處　弱點　喜愛的東西　討厭的東西
長期目標　家庭　朋友
成就　嗜好　情緒
工作　家　責任

將BOI想清楚，會有下列好處：

◉ 主要概念已經就定位，次要概念會更自然地流出。
◉ BOI能幫助你決定心智圖的樣式，並且雕塑、建構它，
　進而鼓勵你的心思按照它的自然結構來思考。

在開始畫心智圖之前，當你決定了你第一批的BOI後，其
餘想法就會更一致、更順暢地出現。

筆和紙

要創作有效率的心智圖，你需要：

◉ 足夠的紙：確定你有一本空白的白紙練習本，或是有夠
　多張高品質的大開本無格線白紙。
◉ 許多枝各種顏色的筆，從細字筆到螢光筆等筆尖粗細不
　同的筆都有。
◉ 至少10到20分鐘不會受到干擾的時間。
◉ 你的大腦。

關於紙

⊙ 你需要很多紙，因為這不只是在做練習，而是你個人的一趟旅程。你將來可能還會再回頭來看你的心智圖，以評估你的進展，回顧你的目標。

⊙ 你需要大張的紙，因為你會希望有空間來發展你的想法。頁面太小會讓圖顯得擁擠。

⊙ 紙必須是空白、沒有格線，好讓你的大腦可以用非線性、不受限制、有創意的方式來思考。

⊙ 練習簿或活頁紙最理想，因為你的第一張心智圖是一趟研習之旅的開始。你不希望在潛意識中被「保持整潔」綁住手腳，而且你會希望將自己所有的想法都放在一起，以便看出：你的計畫與需要隨著時間進展有什麼演變。

關於筆

⊙ 你需要書寫順暢的筆，因為你希望將來看得懂自己寫的東西，而且你希望字能寫得快。

⊙ 有幾種可供選擇的墨水顏色，這很重要。因為顏色能刺激你的大腦，並且激發創造力及視覺記憶。

⊙ 顏色還能容許你把結構、重點及強調引進你的心智圖裡。

製作心智圖的詳細技巧

1. 強調重點

一定要有一個中心圖像

⊙ 一幅圖像會讓你的眼睛與大腦自動聚焦。它能啟動許多聯想，而且是非常有效的記憶輔助工具。

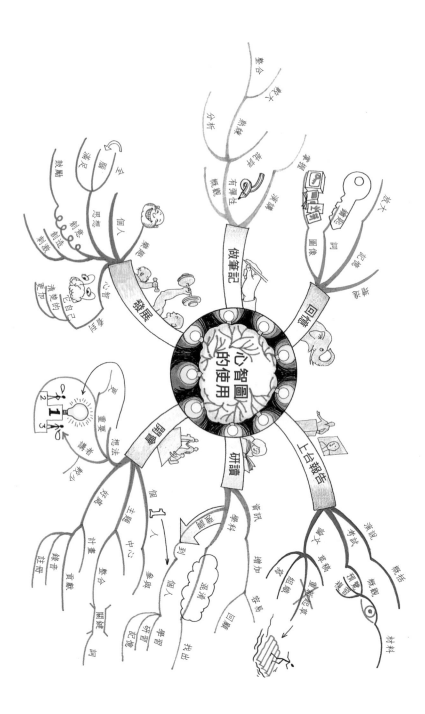

- 再者，一幅吸引人的圖像會讓你愉快，吸引你的注意力。
- 如果你選擇以一個字，而不是一個圖像來當作中心圖像，那麼可以利用形狀、顏色或迷人的字體，讓字更有三度空間的感覺。

在心智圖中使用圖像

- 在你心智圖的各處使用圖像會更吸引人，也讓你更能集中注意力。它還會幫助你對周遭的世界「打開心門」，並且在這過程中刺激你的左腦與右腦。
- 每個中心圖像都使用3種或3種以上的顏色。顏色能刺激記憶與創意：它們能喚醒你的大腦。這和單色（1種顏色）圖像形成對比，後者在你的大腦中看起來很單調，容易讓大腦想睡覺。
- 在圖像及文字周圍運用立體效果，能讓東西突顯出來，而突顯的東西更容易被大腦記住。運用立體效果在製作醒目的關鍵詞上特別有效。

使用不同的字級、線條與圖像

- 變動字級大小能製造階層的感覺，並且清楚傳遞有關各個項目相對重要性的訊息。

有計畫地安排空間

⊙適當地組織頁面上各分支形狀，有助於傳達概念的階層與分類，也讓心智圖更容易閱讀且更吸引人。

請在心智圖的每個項目旁邊留下適當的空間，一方面是可以清楚看見每個項目，另一方面是空間本身也能傳遞信息。

2. 發揮聯想
使用箭號

⊙你可以使用箭號，在某個分支中（或是跨越分支）建立連接。

⊙箭號可以導引視線，讓你自動將一些事物結合在一起。箭號也象徵移動，而移動本身對有效的記憶與回憶很有幫助。

⊙箭頭可以指向一個方向，或同時指向好幾個方向，也可以用各種形狀及大小來呈現。

使用顏色

⊙顏色是增強記憶與創意最有效的一項工具。

- 選用特定顏色來當代碼，能更快地在心智圖中找到你要的資訊，並且能讓你更容易地記起來。
- 顏色代碼在小組心智圖上特別有用。

使用代碼

- 代碼能為你省下許多時間，能讓你一下子連接起心智圖兩個不同區塊，不論那兩個區塊在頁面上距離有多遠。
- 代碼可以用打勾、打叉、畫圓圈、畫三角或加底線來完成，你也可以使用更複雜的記號。

3. 簡潔明瞭
每條線段上只使用一個關鍵詞

- 每一個字詞都會召喚出數千個可能意義，以及相關的聯想。
- 每條線段上只寫一個詞，讓你有更多機會為每個詞選擇關聯詞，而每個詞都是和隔壁線段上的詞或圖像相連接。以這種方式，你的大腦可以隨時準備接收新的思想。
- 在每條線段上使用一個關鍵詞，會讓那個關鍵詞，以及你的大腦，可以自由地朝各個可能方向放射出去。這個規則絕對不是限制。如果能加以活用，你的大腦便能釋放出無限創造的潛力。

字跡要工整

- 工整的字跡比較不容易誤讀，因此你的心智比較容易為它「拍照」，並保存下來。

◉寫字工整需要花多一點時間，但和之後花在聯想及回想的時間相比是微不足道的。

◉工整的字跡會鼓勵你用字精簡，並且可以藉由字的大小來強調字詞之間的相對重要性。

用工整的字跡把關鍵詞寫在線段上

◉心智圖上的線條很重要，因為它們能連接起個別的關鍵詞。

◉你的關鍵詞需要與線段對應，以幫助你的大腦將它與心智圖的其他部分連接起來。

線段的長度和字詞的長度相等

◉詞與線段等長，效果看起來就更顯著，而且更容易與兩側的詞連接。

◉節省下來的空間能容許你增添更多資訊到心智圖裡。

線段連接起來，主要支幹連接到中央圖像

◉把心智圖上的線連接起來，能夠幫助你連接起心中的思想。

◉線條可以轉換成箭號、曲線、環路、圓圈、橢圓、三角，或是你選擇的任何形狀。

中央區的線要畫粗一點，並且要有些彎度

⊙ 較粗的線條會發送信息給大腦，告訴它這些是最重要的資訊，所以把中央區的線條都畫粗。如果一開始你並不確定哪些概念最重要，可以在最後再把線畫粗。

在心智圖分支創造出形狀與邊界

⊙ 形狀會鼓勵你想像。

⊙ 在心智圖中創造出形狀——比方說，在心智圖的某一分支外圍畫出一個形狀——能幫助你更輕易記住許多主題與想法。

圖像要越清晰越好

⊙ 頁面的清晰會帶動思想的清晰。一張清晰的心智圖更簡潔、更優雅，使用起來也更愉快。

把頁面橫放在你面前

⊙ 「風景圖」般的頁面，讓你有最大的自由來創作及畫出心智圖。

⊙ 照著這麼做，心智圖完成後會比較容易閱讀。

字寫得越工整越好

⊙ 字寫得工整，會讓你的大腦更容易接收頁面上的思想；同樣道理，線條及字詞的角度不要時大時小。

4. 使用階層分類

⊙ 你安排及呈現心智圖的方式，對於你如何使用心智圖，

以及它實際的實用程度會有巨大影響。

5. 利用數字排次序

- ◉ 比方說你的心智圖要整理某個核心議題,你可能需要為你的思想排序——看是要按年代來排,或是按重要性來排。
- ◉ 做法是,按照你選擇的行動次序或優先順序,將數字填到分支上。
- ◉ 其他層次的細節,例如年代,也可以依你的需要加到心智圖上。此外也可以選擇用字母而非數字來標號。

6. 發展個人風格

對於你自己創造出的東西,你會很有感覺,而且比較容易記起來。

畫心智圖時的禁忌

畫心智圖的人需要留心三件事:
1. 畫出一幅其實不是心智圖的心智圖。
2. 使用片語而不是使用字詞。
3. 一直擔心自己會把心智圖畫壞,甚至因此產生反感。

1. 什麼樣的「心智圖」不是心智圖

請看右頁幾個群聚圖形。每一幅都是還沒掌握到心智圖要領的人剛開始畫的圖。

它們乍看之下沒太大的問題,事實上其中忽略了放射思考的關鍵原則。這裡的每個概念都是個別存在,與其他概念切割

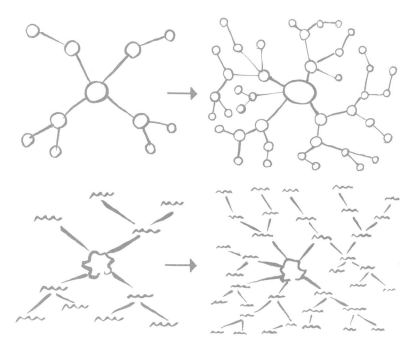

開來。各分支之間沒有任何動態連接，而且沒有東西足以鼓勵大腦閃現新想法。它們會切斷你的思想。

　　比較下面這個完全遵照心智圖所有重要原則畫出來的心智圖輪廓：

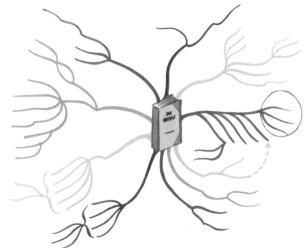

2. 為什麼使用詞比使用片語好

　　看一下下面三個圖像。它們非常清楚地說明，為什麼片語在心智圖或良好的思維中不適用。

非 常 不 開 心 的 下 午

⊙第一個版本把三個詞連起來放在同一條線上，這是很沒效率的做法，因為「不開心」並沒有凸顯出來。

⊙第二個版本有進步，因為它將整段短語拆成三部分，讓每個詞可以各自和其他詞自由聯想。不過這種只使用文字的做法只訴諸你的左腦，因此限制了大腦的創意反應。此外，我們也不完全清楚哪一個詞才是核心概念。

⊙第三個版本遵循了心智圖的所有規則，不再是一幅完全消極的圖。你可以看到，造成不快樂的因素已經和下午分開了，而且快樂的基本概念引進了圖中。這是一幅動態的圖像，你可以在其中做改變及選擇。

3.「畫得潦草」的心智圖也可以是一幅「好」心智圖

　　考量到你做心智圖筆記時的現場狀況，你不見得總是能畫出整潔美觀的心智圖。如果你在聽一場演講，講員呈現的思想卻沒有條理，這時你有可能無法立即找出演講的核心概念。你的心智圖就會反應出這個有機過程，也會準確呈現出你當時心中的認知狀態。

　　不論你的心智圖有多「潦草」，仍然可能比你把所有東西都照抄下來還包含更多有價值的資訊。演講結束之後，馬上花一點時間把心智圖筆記轉換成比較有建構性的形式。你可以使用：

⊙箭號

⊙記號

⊙標示

⊙圖像

　　以及其他工具，把基本分類概念標示出來，並且慢慢地將階層、關聯及顏色灌輸到筆記裡。必要時，按照心智圖的基本要求重新畫一幅圖，讓你將來比較容易回想起這些資訊。

如何創作心智圖

　　1. 把注意力**聚焦**在核心問題及準確的主題上。要很清楚你

的目標是什麼，或你想要解決什麼問題。

2. 把你的第一張紙**橫放**在面前（像在欣賞風景畫），準備好從頁面中央開始創作心智圖。這樣能提供你自由表達的空間，不受頁面寬窄的限制。

3. 在白紙正中央畫一個**圖像**，來代表你的目標。不需要擔心自己不太會畫圖，圖好不好看並不重要。使用一個圖像來當成心智圖的起點非常重要，因為圖像可以挑動想像，啟動你的思維。

4. 一開始就使用**顏色**來強調重點、勾勒結構、豐富質地、激發創意 —— 刺激視線流動並加深圖像在你心中的印象。嘗試在一幅心智圖中至少使用3種顏色，並且創造你自

己的代碼系統。顏色可以按照階層或按照主題來使用，也以用來強調特定要點。

5. 現在畫出一系列的**粗線**，從圖像的中心放射出來。這些就是你心智圖的主要支幹，它們會像一棵樹的粗實枝幹一樣支撐你的想法。確保你將這幾條主要支幹牢牢地與中

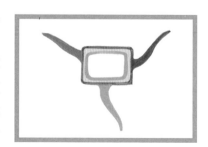

央圖像**連接**在一起，因為你的大腦，以及大腦的記憶功能，是藉由聯想在運作的。

6. 讓你的線條有**彎度**，因為和直線比起來，這樣的線條在你眼中看來比較有趣，你的大腦也比較容易記住。

7. 在每條支幹上寫一個與主題有關聯的**關鍵詞**。這些就是你的**主要思想**（也就是你的基本分類概念）。分類可能如下所列：

情況　　感覺　　事實　　選擇

請記得，每條線段上只寫一個關鍵詞，一方面能幫助你釐清要探索問題的關鍵本質，另一方面也有助於讓這些聯想更深刻地儲存在大腦裡。片語和語句會讓效果受限，而且容易混淆記憶。

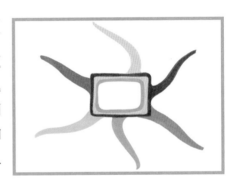

8. 為心智圖加上一些**空白支幹**。你的大腦將來可能會想在上面填上新的關鍵詞。

9. 接著，創造出第二及第三階層的分支，來搭配你接下來的**關聯思想**或**次階思想**。次階的分支與主要支幹連接，第三階分支則與第二階分支連接，以此類推。在這個過程中，聯想就

是一切。你為每一條分支選擇的對應詞也能以問題形式呈現：主題或情況「是誰」、「是什麼」、「在哪裡」、「為什麼」及「如何」等問題。

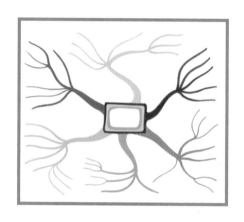

將想法付諸實行

完成的心智圖既是刻畫你思想的一幅圖，也是為行動計畫準備的第一步。為你的主要思想與結論排定先後次序並衡量輕重很容易：只需要為心智圖的每一個分支填上號碼即可。

將最重要的學習要點標成一號，其次重要的二號，然後三號、四號，以此類推。

下一章預告

現在你已經學會如何創作一幅心智圖了，在下一章中我們會探討，將這些新技巧配合 BOST® 學習法，應用在重要學習情境的許多精采案例。

7

利用心智圖及 BOST®
徹底改變你的學習方法

現在你已經擁有所需要的一切資訊與技巧，讓你能夠：有效率地學習、有效率地組織、以至少是倍增的速度閱讀、成功地記住閱讀的東西，並且非常善於畫心智圖，以至於你記憶資訊的能力比先前好上10倍。現在你可以綜合學到的各樣技巧，運用BOST®學習法將所有教科書與學習材料都畫成心智圖。

如何為教科書畫心智圖

預備

　　1.翻閱──創造出心智圖的中央圖像（10分鐘）。

　　2.設定時間與目標分量（5分鐘）。

　　3.將關於該學科的既有知識畫成心智圖（10分鐘）。

　　4.定義目標，並用心智圖畫下來（5分鐘）。

實行（時間長短依學習材料性質而有不同）

　　5.概觀──加入心智圖的主要支幹。

　　6.預覽──第一與第二階層。

　　7.精讀──填入心智圖的細節。

　　8.複習──完成心智圖。

預備

1.翻閱（10分鐘）

　　A **速讀**：在還沒開始仔細讀教科書之前，快速地得到概觀很重要。最好的方法是先看封面、封底、目錄，然後藉助視覺輔助器（一枝鉛筆或你的手指），快速翻閱整本書幾次，來得到對這本書的總體「感覺」。

B **製作心智圖**：現在拿出一大張空白紙，像風景畫那樣橫放，畫出能概括你的主題或題目的中央圖像。如果書的封面或內頁有讓你印象特別深刻或色彩鮮明的圖像，直接使用也無妨。

C **放射思考**：如果你已經很確定從中央圖像會放射出哪些主要支幹，這時可以一起畫上去。一般來說，它們會對應到這本書的主要部分或章名，或是你閱讀此書想達成的特定目標。

在這麼早的階段就動筆畫心智圖，可以讓大腦有一個中心焦點，讓大腦能夠把研讀此書獲得的資訊全部整理架構起來。

2. 設定時間與目標分量（5分鐘）

根據你的學習標的、書本內容與難易度，以及你既有的知識，你可以自行決定：

A 你需要投入的時間。

B 每個研讀時段要讀多少內容。

3. 將該學科的既有知識畫成心智圖（10分鐘）

現在，「放下」你要研讀的書及你的前一張心智圖，拿出一張新紙，以最快的速度將你關於這本書的既有知識畫成心智圖。圖中應該包含你從初步翻閱中獲得的資訊，以及你所知與這主題有任何關聯的常識或特殊知識。不要只是草草寫下一連串的標題與資料——你現在是在做心智圖。

大部分的學生會高興又驚訝地發現，自己對這主題具備的知識比原先預期的還要多得多。這個練習特別重要，因為它會將某些適當的關聯或「爪鉤」帶到你大腦的表面，讓大腦朝著

你要研讀主題的方向前進。也會幫助你認清自己現有知識的充足與欠缺，讓你知道自己還需補足哪些面向的知識。

4. 定義目標，並用心智圖呈現（5分鐘）

在這個階段，你可以使用一枝不同顏色的筆直接在剛完成的「既有知識心智圖」上加入你的目標，或是拿出一張新的白紙，重新為你讀這本教科書或學習手冊的目標快速畫一幅心智圖。這些目標可以是你想尋求解答的特定問題，或是你想要進一步了解的知識領域。

以這種方式將你的目標畫成心智圖，可以大幅增加眼睛／大腦系統在碰到與這些目標相關的資訊時，特別去留心注意的機會。在效果上，「目標心智圖」就像能自然而然讓你想去搜尋資訊的「食慾」。就像已經好幾天沒吃東西的人想食物想到快發瘋，一幅好的預備階段心智圖，會讓你對知識求渴若飢。

實行

5-8. 概觀、預覽、精讀、複習（時間長短依學習材料性質而有不同）

完成預備動作後，你可以開始進行四個層次的閱讀——概觀、預覽、精讀、複習——這四個動作能讓你更深入書本的內容。（這是速讀該上場發揮作用的重要階段，請參看第4章。）你現在可以一面閱讀一面畫心智圖，或是在閱讀時先在書上做記號，等到最後才來完成心智圖。

⊙ 一面閱讀一面做心智圖，就像和作者不斷地「交談」，反應出隨著閱讀進度而發展的知識模式。逐漸擴展的心

智圖也讓你不斷檢查你的理解程度，並且調整你搜集資
訊時的焦點。

⊙ 把心智圖留到最後才畫，代表你是在對內容及其各部分
之間的關係有了通盤了解之後才畫心智圖。因此你的心
智圖會比較全備、重點明確，也比較不太需要再修改。

　　不論你選擇哪一個方法，你都該記得：為一本教科書或
學習指南做心智圖是個雙向過程。做心智圖的目的並非只是用
心智圖的形式來複製作者的思想。重點其實是：根據自己的知
識、理解、解釋，以及特定目標（比方說想知道考題可能會問
什麼），來組織與整合作者的思想。因此在理想狀況下，心智
圖應該要包括你自己的意見、思想，以及因閱讀這本書而激發
的創意想法。使用不同的顏色或代碼，可以將你自己的想法與
作者的想法區分開來。

　　你可以參看第3章，來複習「實行」階段的運作原則。

如何將演講或DVD內容畫成心智圖

　　與為一本書製作心智圖非常類似，差別僅在於你通常會受
限於演講或錄影帶播放的線性模式，沒辦法像讀一本書那樣可
以隨心所欲地翻到材料的不同部分，你也沒有辦法靠速讀來加
快學習速度。

　　正因為這個原因，事先對主題有個快速的**概觀**就變得特別
重要。在演講、錄影帶、DVD或電影開始之前，你應該將中央
圖像和你所能想到的主要支幹都先畫好。（好的演講者應該會
很樂意幫助對主題有興趣的聽眾，提供你演講的概要，告訴你
他預計談到哪些主要領域。）

再一次，在演講、錄影帶、DVD 或電影開始之前，如果情況允許，你可以快速做一個**兩分鐘心智圖快描**，將你關於那主題的既有知識畫下來，為大腦做好接收新資訊的準備。

隨著演講進行，你可以將資訊與想法填進原來的那張心智圖裡，就填在看起來與它們最相關的地方，必要時也可以調整原有的基本結構。就和為教科書畫心智圖一樣，嘗試利用**顏色**與**代碼**將自己的意見及想法與作者的意見與想法區分清楚。

心智圖創作學生案例

下面是學生拉娜‧以色列畫的一幅心智圖。她把心智圖當成讀書時的標準流程。拉娜中學時曾經使用心智圖贏得一項校內科學競賽，並進而贏得全州科展以及全美科展。接著哈佛大

拉娜‧以色列準備歷史考試時畫的心智圖

學主動邀她入學。她後來就在哈佛讀書，而且所有科目都拿到A，只有一科意外拿到B。對此她很不服氣，於是運用心智圖來提出申訴案，並且順利得到她應得的A。她的心智圖是筆記、報告及考試大補帖的綜合體。就如拉娜所說：

　　這張心智圖是直接從我的歷史筆記中抽出來的。我的老師通常每天上課，所以我很自然就把他的上課內容用心智圖記下來。這張心智圖談到的是美國最早期的政黨及他們的立場。正中央那幅圖像呈現出政治立場的分裂，這分裂後來導致形成兩個壁壘分明的派別。只要看這幅圖一眼，我就馬上知道它的主題，以及兩個派別的一般特點，民主主義者是些平民百姓，而聯邦主義者比較關心貴族。在心智圖筆記中使用圖案，非常適合讓觀念具象化、回憶資訊，並且讓歷史變得很有趣。如果要把這張圖轉換成線性書寫的筆記，至少要用到兩、三頁紙——讀三頁筆記肯定沒有只讀一頁好玩。而且這張地圖可以在一分鐘內就複習完，既節省時間，又能幫助我記住更多東西，因為其中的關鍵詞彼此之間有很強的連結……心智圖幫助我在歷史這科拿到A——絕對是個大優勢！

製作學習計畫的總心智圖

　　如果你需要修讀長期課程，我建議你畫一張超大的總心智圖，來呈現這學科的主要分支、主題、理論、重要人物及事件。每次讀完一本教科書或上完一次課，你就可以把新學到的主要概念加到總心智圖上，為你逐漸成長的內在知識網絡創造出一個外在鏡像。

　　做過的人都會注意到一個對他們很有幫助的趨勢。經過一

段時間，心智圖的邊緣會開始碰觸到其他學科及領域。舉例來說，一幅心理學總心智圖的周邊會開始接觸到神經生理學、數學、哲學、天文學、地理學、氣象學、生態學等學科。

這並不代表你的知識結構正在瓦解，而且離題越來越遠。其實這代表你的知識已經變得既深又廣，以至於開始與其他領域的知識產生關聯。

用心智圖做筆記

世界上最有效的速讀技巧，需要一個能與之配合的筆記技巧，而不是像線性思考學習法那樣既耗時又沒有效率的抄筆記方法。心智圖的資訊儲存與擷取法遵循的原則，和速讀遵循的原則是一致的。而且設計心智圖，是為了能與大腦協力工作，這表示你對知識的掌握度會越來越高。

有效的做筆記方法必須涵蓋下列面向：

1. 規畫、聚焦及預覽。
2. 清楚辨認、接收及理解事實。
3. 反應既有知識的程度。
4. 保存資訊。
5. 讓人輕鬆回想資訊。
6. 便於資訊溝通。

心智圖滿足以上每個條件。有效率地寫筆記並不是要像奴隸那樣，把作者所說的每樣東西都重抄一次，而是一個選擇過程。應該要用最少的字數記下最大的知識量。心智圖就是要幫你做到這點。

「正常的」抄筆記有什麼缺點

- 讓人養成不做預覽的習慣，只知道看到（或聽到）什麼就抄下來，這樣會喪失了整體的焦點與目標。

- 一心只想著要「把所有東西都抄下來」，讓人無法對主題做批判或表示認同。

- 寫筆記時把所有細節都抄錄下來，容易讓心智成為無所事事的旁觀者，也會讓抄筆記者分心，沒辦法掌握講員所要表達的東西。（就像你可以盯著書本把幾千個字打下來，卻完全沒去注意到內容。）

- 筆記本的厚度通常會越來越厚，厚到讓做筆記的人自己都懶得再回去看，或是看不懂自己之前寫些什麼，而必須重新來過一遍。

再談關鍵詞與關鍵圖像

要有效率地做筆記，最重要的一件事就是選擇恰當的關鍵詞與關鍵圖像，將你讀到的重要內容做個概括整理。這點我已經在第6章中介紹過，但是在這個重要關頭值得再強調一次。

心智圖中的關鍵詞：

- 必須能啟動正確的記憶類別。

- 不能有太多描述，或太過抽象及籠統，以致沒有實際用處。

- 必須能在你心中挑起非常特定的圖像。

- 必須能讓你個人感到滿意。

- 必須有概括資訊的能力。

在心智圖筆記中，你並不是將整個句子抄下來或列出一份

份清單，而是利用關鍵詞與關鍵圖像的組合來掌握住資訊的本質，讓它們成為幫助你準確回憶資訊的記憶啟動器。

　　就在心智圖越畫越大時，大腦也會創造出一幅記錄領域的整合式全地圖。因此，你的BOST心智圖會成為一張多維度的筆記，以獨特的方式從大腦中將所有你想記住的資訊重製在紙上。這是個強而有力的圖示技術，能將大腦的能量發揮到極致，釋放出你真正的潛力。心智圖能和你的記憶攜手合作，讓你在需要時能輕鬆回憶起資訊。

複習你的心智圖筆記

　　在完成你的心智圖筆記後，你應該經常複習，以維持對所學知識的了解，並回想已經學會的東西。對一小時的學習內容而言，複習的最佳時機及所需時間如下：

- ⦿ 10分鐘後──花10分鐘複習
- ⦿ 24小時後──花2到4分鐘複習
- ⦿ 1週後──花2分鐘複習
- ⦿ 1個月後──花2分鐘複習
- ⦿ 6個月後──花2分鐘複習
- ⦿ 1年後──花2分鐘複習

　　這樣資訊就會儲存在你的長期記憶裡。不要每次複習時都只是看原始心智圖，最好在一開始時先快速畫一張心智圖，來看看自己還記得多少。這可以讓你知道在沒有任何幫助之下能回想起什麼。接著可以拿這張圖與原本的心智圖比較，修改你記錯的地方，也加強你記得比較不清楚的地方。請回去看第55頁的圖，用那幅圖提醒自己記憶衰退的模式。

心智圖筆記及總心智圖的好處

1. 讓你隨時能一眼就看到整個知識的「圖」，讓你對整個主題有更平衡、更全面的了解。

2. 占的空間比線性筆記少很多。10到1000頁的文字可以整理進一大張心智圖裡。**多使用心智圖，少砍一棵樹！**

3. 讓你的大腦有個中心焦點和一個架構，可將關於任何學科的知識整理進去。

4. 增加大腦對知識的「飢渴」。

5. 容許你拿自己的立場及想法，與書上、課堂中或報告裡的立場與想法做適當對照。

6. 就複習而言，比傳統筆記有效且有效率得多。

7 能強化你對教科書、學習指南、演講及課程內容的記憶與理解，讓你在任何學科的學習上都有長足進步。

為書面報告畫心智圖

我們現在討論的心智圖，是要用來取代大部分學生在真正開始撰寫報告之前所寫的厚重線性筆記。

根據教科書或演講做筆記，就是從線性材料中選取重要的元素來創作一幅心智圖（如前面所述）。

為寫報告做筆記，指的是先在一幅心智圖裡將報告相關主題的關鍵元素確定下來，接著再根據你的心智圖筆記，創作出一個線性結構。

⊙一如既往，一開始應該先為心智圖畫一個中央圖像，來代表報告所要探討的主題。

⊙接著選擇適當的基本分類概念（BOI）做為主要支幹或主要次領域。在這個階段該特別注意，研讀主題或問題

要求你做什麼。報告的標題通常能給你一些提示，讓你知道自己的 BOI 應該包含哪些東西。

- 讓心思自由遊走，增加資訊項目或你想強調的要點到心智圖中與它們關係最密切的地方。從 BOI 放射出來的主要支幹及次要支幹數目並沒有限制。在這個階段，你應該使用代碼（顏色、符號，或兩者都用）來標示交互參照，或標示不同區域之間的關聯。

- 接下來，編輯並重新整理心智圖，使之成為一個融合的整體。

- 現在，坐下來，以心智圖為框架寫出報告初稿。一個組織良好的心智圖應該能提供你：
    - 報告的所有主要次領域。
    - 每個次領域該提及的要點。
    - 要點之間的關聯性。

在這個階段，你應該寫得越快越好，跳過你覺得特別困難的地方，尤其是特殊的字詞或文法結構。這麼做能讓你創造出更流暢的行文，而且總是可以之後再回頭處理「問題區塊」，就像你平常在閱讀參考書籍一樣。

- 如果你不巧碰上了「文思阻塞」（善於使用心智圖的你應該不太會碰到這種問題——還記得拼圖的比喻吧！），再另外畫一個心智圖應該能幫你走出困境。

一般而言，只要畫出中央圖像，就能讓你的心思再次動起來，繞著報告主題繼續運作及自由旋轉。如果你的文思再次卡住，只要再添加線條，讓一些新分支從目前已經畫好的關鍵詞與圖像向外伸出，那麼你大腦天生的「完形」或「將事情完成」的傾向，會讓你自動在空白處填上新字詞與新圖像。於此同

時，你該提醒自己，你的大腦有無限的聯想能力，容許你所有的思想自由運行，尤其是你先前斥為「無稽之談」的想法。一旦你明白文思阻塞其實不是源自大腦的無能，而是源自於對失敗的潛在恐懼，以及對大腦運作方式的誤解，這些阻塞就會立即消失。

⊙最後，複習你的心智圖，為報告做最後的收尾：加上交互參照，用更多的證據或引文來支持你的論證，並且在必要時修改或擴大結論。

為申論式考試做心智圖

如果你在學習過程的每個階段都留下心智圖筆記，也根據我們建議的時間間隔複習，那麼你應該早就做好考試的準備了。要將你的最佳知識轉化為最佳考試表現，唯一需要的是一套正確的應試策略。

1. 第一個步驟是好好讀完考題，選擇要回答的題目，用一張迷你心智圖記下讀題時突然閃現在心頭的想法。

2. 接下來，你必須決定要以什麼順序來回答問題，以及在每一題上各需花多少時間。

3. 抗拒從第一題開始詳答每一道題的誘惑，而要為所有你打算回答的問題做一張快速心智圖。藉由這種過程，你的心思會在整個考試時段都在探索所有問題的意涵，不論當時你正在回答哪一題。

4. 現在，回到你選答的第一個問題，並且畫一幅心智圖做為答題的框架。這時的中央圖像就相當於你引言中的總評，而每一根主要支幹成為文章的主要次標題或章節主題。從主要支幹伸出的每個分支，都足以讓你寫上一至兩個段落。

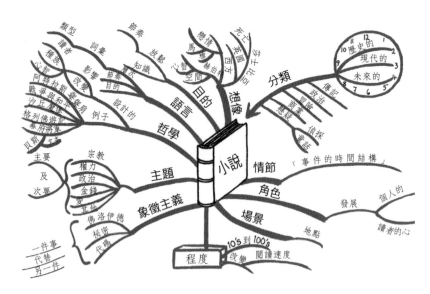

一位文學系的學生用來幫助自己通過考試的心智圖（她果真通過了！）

5. 在建構回答時，你將發現可以在整個知識結構中交互參照，而且可以把自己的思想、聯想及解釋加進去當成結論。這樣的答案足以向考官證明，你擁有全盤的知識，以及分析、組織、整合與交互參照的能力；還有最特別的，你有能力提出自己關於這主題的原創性想法。換句話說，你肯定可以拿到高分！

應用在考試的心智圖案例

下面這幅心智圖是詹姆士・李所畫的幾百幅心智圖其中一幅。他畫心智圖來幫助自己通過高中最後一年的考試及大學入學考。詹姆士15歲那年因病休學了6個月，而且有人建議他重讀一年，因為O-level（一般程度）考試就要舉行了。詹姆士說服老師讓他「拚下去」，開始用心智圖整理起手邊的所有資料。

他只花了3個月的時間就讀完1年的書，而且在10個考試中拿了7個A和3個B。這幅心智圖是詹姆士為歷史科畫的，勾勒出解釋第二次世界大戰起因的幾個主要說法。

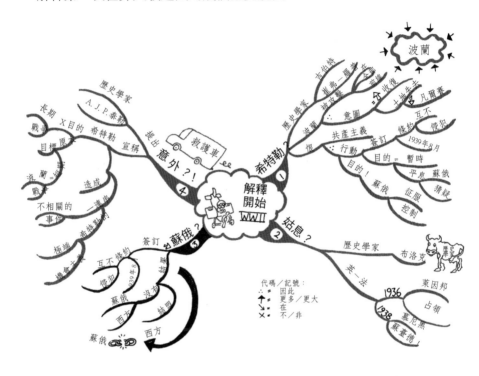

詹姆士・李畫的心智圖幫助他通過考試

限制你的時間，而非限制你的邊界

　　經常要接受考試的大專院校學生，會發現為自己寫報告的時間設個限制是個很好的策略，就彷彿那是考卷裡的一道申論題。這個方法在高度競爭的學術環境中特別有用，因為你的大腦需要不斷受訓練，才能在壓力鍋般的考試環境中發揮功效。

　　瑞典學生卡特瑞娜・奈門用心智圖來撰寫關於瑞典的報告：

　　我寫得越多、畫得越多，心中就想到越多東西——我的想法越來越多，它們就越來越大膽、越有原創性。我已經了解心智圖沒有邊界。只有當我尊敬的人來找我，肚子餓到咕咕叫，或是真的口渴難耐，才能讓我停下手中正在畫的心智圖。

適合讀書小組使用的心智圖

　　學習除了是一種獨自複習的工夫，也可以是彼此交流的經驗，心智圖非常適用於想要增進學習效率的讀書小組。靠著已經組織好的心智圖筆記，一整本教科書的內容可以在一個小時，甚至更短的時間內，傳遞給小組的每個成員。我建議由4人組成一個小組來做以下的學習日時程安排，大家來讀4本書、將內容製作成心智圖、理解，並交換心得。

　　1. 早上10點正式開始。在那之前你們已經先做了半小時的運動或伸展操。

　　2. 快速翻閱要讀的書（15分鐘）。

　　3. 休息時間——休息、打電動、放鬆（15分鐘）。

　　4. 決定總共有多少時間讀書與休息，根據閱讀材料的章節，適當地分成幾個時段（10分鐘）。

　　5. 對那個科目的既有知識、目標、主題，以及想獲得解答的問題，畫成心智圖（20分鐘）。

　　6. 休息時間（5到10分鐘）。

　　7. 快速瀏覽教科書，看目錄、主要標題等項目。接著把主要支幹畫到心智圖上（15分鐘）。

　　8. 預覽全書，更仔細地看內容，繼續畫心智圖（15分

鐘）。

　　9. 午餐（60分鐘）。

　　10. 接著是訪談時段，可以利用這段時間和小組其他成員討論，並解決困擾你的部分（30分鐘）。

　　11 休息時間（5到10分鐘）。

　　12. 複習課本，處理尚未解決的問題，並將最後的一些細節填到心智圖上（30分鐘）。

　　13. 休息時間（5-10分鐘）。

　　14. 交換心得的時段。小組成員們可以在這個時候利用自己畫的心智圖，針對自己從教科書學到的東西，提出一個概括性的報告。每個人應該要報告大約25分鐘，當前兩個組員報告完後可以插入5到10分鐘的休息時間。在聽成員報告時，你應該動手畫你自己的心智圖，並盡量達到與報告者對那主題差不多的理解程度。你們應該都能改善及增進彼此的心智圖，使它們趨於完善。

　　15. 到下午4、5點時，你們的頭腦裡已經多裝了4本書的資訊，對於其他的實體書，你唯一要做的是在未來這年內找機會翻閱一下，看有沒有什麼其他東西可以加到心智圖裡。

　　◉透過心智圖溝通，而不是透過會稀釋知識的線性筆記，你已經大大增進了所學科目的知識。

　　◉更重要的是，這個經驗具有正面意義且令人愉快，完全不同於學習焦慮所帶來的痛苦與懲罰──所以現在出去好好慶祝一下吧！

小組心智圖學習的好處

　　舉例來說，給你一本地理類的書籍，裡面包含了氣象

系統、野生動物生態、地質學及行星圖等等章節，請你猜一猜，你們讀書小組的每一位成員可以學會多少內容？答案是：75%。

　　一個普通資質的學生花費了無數日子讀完一整本書，一整年下來能夠吸收60%到80%的內容。但是接著在一個禮拜內，他就會忘掉其中的80%。換句話說，在這年**一開始**就「裝填知識」還比較好。為什麼要花一整年的時間去擔心那場一直威脅要來襲的大海嘯（而且有九成以上的機會真的會把你捲走）？為什麼要等到最後一刻才想到要去阻止？為什麼不在一開始就將它從地平線上移開？

　　小組心智圖學習的另一個好處是，當你們的小組在學校上第二週課程時就已占了極大優勢，因為你們已經將所有的主要閱讀材料都用心智圖畫下來了。所以當你的授課老師開始介紹「這個禮拜的新主題」時，它早就在你的預期中了，而且在課還沒開始上以前，你腦裡就已經浮現一幅清晰的心智圖了。接著，當老師提出一些有趣的想法時，你可以直接加到你那幅漂亮的心智圖上。但事情並不是就此結束。不論是在教室、演講廳或小組討論室裡，甚至是課堂外，只要聽到人家提到任何與主題有關的事，你大腦中的終極突觸網絡就會繼續伸出分支並且成長，彷彿你已擁有足以讓核融合與核分裂反應發生的臨界質量。

　　這才只是一科而已。一個學生要學習幾科？在這個階段，4科，也許5科。所以，如果一個學年內你需要讀30本書，而你有一個四人幫讀書小組，就可以利用8個週六把這些書讀完，也就是說，在一學年的前兩個月，你們就已經將所有科目全部擺平了。

你的未來

　　現在你的心智兵工廠已建置妥當，而且你知道你擁有一顆能力超強的大腦。你已經清除掉擋在超高效學習道路上的障礙，你的閱讀速度比世上99%的人更快，擁有全新的超級記憶術。你擁有關於心智圖理論的知識，這是世界上最強而有力的思考、記憶與學習工具，也知道如何應用到學習上。你還知道如何運用BOST®學習法──史上最強而有力的學習技術──讓自己受惠無窮。

　　期待聽到你考試順利成功的好消息！

解答

第86-87頁：「察言觀色」字彙練習——字首篇

1. prepare（準備）；2. reviewing（複習）；3. depress（消沉）；4. comprehension（理解）；5. examinations（考試）

第88-89頁：「察言觀色」字彙練習——字尾篇

1. practitioner（從業人員）；2. hedonism（享樂主義）；3. minimal（最低的）；4. vociferous（喧譁的）；5. psychology（心理學）

第90-91頁：「察言觀色」字彙練習——字根篇

1. querulous（愛抱怨的）；2. amiable（和藹可親）；3. equinox（晝夜平分日）；4. chronometer（計時器）；5. aerodynamics（空氣動力學）

進階閱讀

已經準備將知識應用到學習以外領域的讀者請注意，我的心智集系列包括幾本詳細教導你如何在生活每個層面中運用心智與記憶的指南。下面這些書都可以買到：

Use Your Head《心智魔法師：大腦使用手冊》

The Mind Map® Book《心智圖聖經／心智圖法理論與實務篇》

The Illustrated Mind Map® Book《圖解心智圖法》

The Speed Reading Book《全腦式速讀——心智圖法速讀術》

Use Your Memory《開啟記憶金庫》

Master Your Memory《記憶魔法典》

國家圖書館出版品預行編目資料

超高效心智圖學習法／東尼‧博贊（Tony Buzan）
著；蔡承志譯. ── 三版. ── 臺北市：商周出版：
英屬蓋曼群島商家庭傳媒股份有限公司城邦分公司
發行, 2023.11
面；　公分. ──（全腦學習；12）

譯自：The Buzan Study Skills Handbook
ISBN 978-626-318-921-8（平裝）

1. CST:學習心理學　2. CST:學習方法

521.1　　　　　　　　　　　112017739

線上版讀者回函卡

全腦學習 12

超高效心智圖學習法（長銷改版）

原 書 名／The Buzan Study Skills Handbook
作　　者／東尼‧博贊（Tony Buzan）
譯　　者／蔡承志
企畫選書人／余筱嵐
責 任 編 輯／余筱嵐、羅珮芳

版　　權／吳亭儀、江欣瑜
行 銷 業 務／周佑潔、賴正祐、賴玉嵐
總 編 輯／黃靖卉
總 經 理／彭之琬
事業群總經理／黃淑貞
發 行 人／何飛鵬
法 律 顧 問／元禾法律事務所 王子文律師
出　　版／商周出版
　　　　　台北市104民生東路二段141號9樓
　　　　　電話：(02) 25007008　傳眞：(02)25007759
　　　　　blog:http://bwp25007008.pixnet.net/blog
　　　　　E-mail：bwp.service@cite.com.tw
發　　行／英屬蓋曼群島商家庭傳媒股份有限公司 城邦分公司
　　　　　台北市中山區民生東路二段141號2樓
　　　　　書虫客服服務專線：02-25007718；25007719
　　　　　服務時間：週一至週五上午09:30-12:00；下午13:30-17:00
　　　　　24小時傳眞專線：02-25001990；25001991
　　　　　劃撥帳號：19863813；戶名：書虫股份有限公司
　　　　　讀者服務信箱：service@readingclub.com.tw
　　　　　城邦讀書花園：www.cite.com.tw
香港發行所／城邦（香港）出版集團有限公司
　　　　　香港九龍九龍城土瓜灣道86號順聯工業大廈6樓A室_ E-mail:hkcite@biznetvigator.com
　　　　　電話：(852) 25086231　　傳眞：(852) 25789337
馬新發行所／城邦（馬新）出版集團【Cite (M) Sdn. Bhd】
　　　　　41, Jalan Radin Anum,Bandar Baru Sri Petaling,57000 Kuala Lumpur, Malaysia.
　　　　　電話：（603）90563833　傳眞：（603）90576622_ Email:service@cite.com.my

封 面 設 計／陳文德
排　　版／極翔企業有限公司
印　　刷／前進彩藝有限公司
經　　銷／聯合發行股份有限公司
　　　　　地址：新北市231新店區寶橋路235巷6弄6號2樓
　　　　　電話：(02)2917-8022 傳眞：(02)2911-0053

■2010年3月9日 初版　　　　　　　　　　　　　　　　　Printed in Taiwan
■2023年11月28日三版
定價300元

城邦讀書花園
www.cite.com.tw

版權所有，翻印必究 ISBN 978-626-318-921-8

廣　告　回　函
北區郵政管理登記證
北臺字第000791號
郵資已付，免貼郵票

104　台北市民生東路二段141號2樓

英屬蓋曼群島商家庭傳媒股份有限公司城邦分公司　收

請沿虛線對摺，謝謝！

書號：BU1012Y	書名：超高效心智圖學習法	編碼：

 商周出版

讀者回函卡

線上版讀者回函卡

感謝您購買我們出版的書籍！請費心填寫此回函卡，我們將不定期寄上城邦集團最新的出版訊息。

姓名：＿＿＿＿＿＿＿＿＿＿＿＿＿＿＿＿　性別：□男　□女

生日：西元＿＿＿＿＿＿年＿＿＿＿＿＿月＿＿＿＿＿＿日

地址：＿＿＿＿＿＿＿＿＿＿＿＿＿＿＿＿＿＿＿＿＿＿＿＿

聯絡電話：＿＿＿＿＿＿＿＿＿＿　傳真：＿＿＿＿＿＿＿＿

E-mail：

學歷：□ 1. 小學 □ 2. 國中 □ 3. 高中 □ 4. 大學 □ 5. 研究所以上

職業：□ 1. 學生 □ 2. 軍公教 □ 3. 服務 □ 4. 金融 □ 5. 製造 □ 6. 資訊

　　　□ 7. 傳播 □ 8. 自由業 □ 9. 農漁牧 □ 10. 家管 □ 11. 退休

　　　□ 12. 其他＿＿＿＿＿＿＿＿＿＿＿＿＿＿＿＿＿＿＿＿

您從何種方式得知本書消息？

　　　□ 1. 書店 □ 2. 網路 □ 3. 報紙 □ 4. 雜誌 □ 5. 廣播 □ 6. 電視

　　　□ 7. 親友推薦 □ 8. 其他＿＿＿＿＿＿＿＿＿＿＿＿＿＿

您通常以何種方式購書？

　　　□ 1. 書店 □ 2. 網路 □ 3. 傳真訂購 □ 4. 郵局劃撥 □ 5. 其他＿＿＿＿＿

您喜歡閱讀那些類別的書籍？

　　　□ 1. 財經商業 □ 2. 自然科學 □ 3. 歷史 □ 4. 法律 □ 5. 文學

　　　□ 6. 休閒旅遊 □ 7. 小說 □ 8. 人物傳記 □ 9. 生活、勵志 □ 10. 其他

對我們的建議：＿＿＿＿＿＿＿＿＿＿＿＿＿＿＿＿＿＿＿＿＿

＿＿＿＿＿＿＿＿＿＿＿＿＿＿＿＿＿＿＿＿＿＿＿＿＿＿＿

＿＿＿＿＿＿＿＿＿＿＿＿＿＿＿＿＿＿＿＿＿＿＿＿＿＿＿